Angela Ittel · Hans Merkens (Hrsg.)

Veränderungsmessung und Längsschnittstudien
in der empirischen Erziehungswissenschaft

Angela Ittel
Hans Merkens (Hrsg.)

Veränderungsmessung und Längsschnittstudien in der empirischen Erziehungswissenschaft

VS VERLAG FÜR SOZIALWISSENSCHAFTEN

Bibliografische Information Der Deutschen Nationalbibliothek
Die Deutsche Nationalbibliothek verzeichnet diese Publikation in der
Deutschen Nationalbibliografie; detaillierte bibliografische Daten sind im Internet über
<http://dnb.d-nb.de> abrufbar.

1. Auflage September 2006

Alle Rechte vorbehalten
© VS Verlag für Sozialwissenschaften | GWV Fachverlage GmbH, Wiesbaden 2006

Lektorat: Monika Mülhausen

Der VS Verlag für Sozialwissenschaften ist ein Unternehmen von Springer Science+Business Media.
www.vs-verlag.de

Das Werk einschließlich aller seiner Teile ist urheberrechtlich geschützt. Jede Verwertung außerhalb der engen Grenzen des Urheberrechtsgesetzes ist ohne Zustimmung des Verlags unzulässig und strafbar. Das gilt insbesondere für Vervielfältigungen, Übersetzungen, Mikroverfilmungen und die Einspeicherung und Verarbeitung in elektronischen Systemen.

Die Wiedergabe von Gebrauchsnamen, Handelsnamen, Warenbezeichnungen usw. in diesem Werk berechtigt auch ohne besondere Kennzeichnung nicht zu der Annahme, dass solche Namen im Sinne der Warenzeichen- und Markenschutz-Gesetzgebung als frei zu betrachten wären und daher von jedermann benutzt werden dürften.

Umschlaggestaltung: KünkelLopka Medienentwicklung, Heidelberg
Druck und buchbinderische Verarbeitung: Krips b.v., Meppel
Gedruckt auf säurefreiem und chlorfrei gebleichtem Papier
Printed in the Netherlands

ISBN-10 3-531-15283-1
ISBN-13 978-3-531-15283-7

Inhalt

Vorwort 7

Alexander von Eye
Variablen- und personenorientierte Forschung 9

Johannes Hartig und Olga Kühnbach
Schätzung von Veränderung mit „plausible values"
in mehrdimensionalen Rasch-Modellen 27

Bernhard Schmitz und Franziska Perels
Potentiale der Zeitreihenanalyse in der Pädagogischen Psychologie 45

Urs Grob
Entwicklung und Stabilität von konventionellem politischem Interesse in
langfristiger Perspektive. Ergebnisse aus der LifE-Studie 61

Christina K. Limbird und Petra Stanat
Prädiktoren von Leseverständnis bei Kindern deutscher und türkischer
Herkunftssprache: Ergebnisse einer Längsschnittstudie 93

Rainer Watermann und Gabriel Nagy
Egalitäre Orientierungen und Geschlecht:
Ergebnisse einer Längsschnittstudie 125

Autorinnen und Autoren 147

Vorwort

Der in den letzten Jahren immer häufiger geäußerte Mahnruf vieler Sozialwissenschaftler nach dem Bedarf an Längsschnittstudien scheint sich auszuzahlen. Mehr und mehr Forschergruppen nähern sich ihren Fragestellungen anhand von längsschnittlichen Studiendesigns. Die Zunahme an Längsschnittstudien in den Sozialwissenschaften hat aber zur Folge, dass ein Thema, dem lange Zeit kaum Beachtung geschenkt worden ist, nicht nur an Bedeutung gewinnt, sondern notwendigerweise neu diskutiert werden muss: Wie können Veränderung bzw. Stabilität im Längsschnitt gemessen werden?

Die Darstellung von Veränderung setzt voraus, dass Differenzen zwischen Ereignissen, konkret durch den Vergleich von Daten, die zu verschiedenen Messzeitpunkten erhoben worden sind, feststellbar werden. Erschwert wird diese zunächst einfach anmutende Anforderung dadurch, dass alle Daten, die gemessen werden, mit einem Messfehler behaftet sind, der sich notwendigerweise bei einer mehrfachen Messung erhöht. Deshalb ist zum Beispiel eine einfache Differenzbildung zweier Messwerte im Ergebnis auch nur eine sehr grobe Schätzung dafür, ob zwischen zwei Messzeitpunkten eine Veränderung zu verzeichnen ist oder ob es sich um einen stabilen Zustand handelt. Eine weitere Schwierigkeit in der Darstellung von längsschnittlichen Veränderungen oder Stabilitäten resultiert daraus, dass bei Stichproben oder Populationen entweder gleiche Werte für Verteilungsparameter zu unterschiedlichen Messzeitpunkten auch über entsprechende Merkmalsträger repräsentiert werden, oder es sich um Ereignisse auf der Aggregatebene handelt, denen die gleichen Ereignisse auf der Individualebene nicht entsprechen. Sollte Letzteres der Fall sein, dann könnte die festgestellte Veränderung auf der Ebene der Individualwerte auf Messfehlern basieren und nicht auf tatsächlicher Veränderung beruhen. Auf der Ebene der Stichprobe könnte dieser Unterschied in Messwerten auch daraus resultieren, dass sich die Stichprobe bzw. Population, deren Parameter zu verschiedenen Messzeitpunkten festgestellt worden sind, aus Werten unterschiedlicher Substichproben zusammensetzt, in denen sich differente Entwicklungen zwischen den verschiedenen Messzeitpunkten gezeigt haben.

In den Aufsätzen dieses Bandes, die auf Beiträgen – vorgetragen im Rahmen der Frühjahrstagung der Arbeitsgruppe der empirischen Pädagogen (AEPF) in Berlin 2005 mit dem Schwerpunktthema Längsschnitt- und Veränderungsmessung – basieren, werden Antworten auf Fragen gesucht, die sich aus dieser komplexen Sachlage der längsschnittlichen Forschung ergeben. In den ersten beiden Beiträgen, werden prinzipielle Fragen zur Veränderungsmessung erörtert.

So eröffnet den Band *von Eyes* Gegenüberstellung von variablen- und personenorientierter Forschung. Dabei kann er demonstrieren, dass die gleichen Daten, wenn sie entweder als „variablen-" oder „personenorientiert" analysiert werden, unterschiedliche Schlussfolgerungen nahelegen. *Hartig und Kühnbach* gehen dann der Frage nach, wie man unterschiedliche Messwerte von Personen in Rasch-Modellen angemessen schätzen kann. Sie weisen dabei mit Hilfe entsprechender Simulationen nach, dass ein Vorgehen, bei dem die Schätzung nicht über virtuelle Personen, sondern in der Form durchgeführt wird, dass die Anzahl der Messungen als Anzahl von Dimensionen behandelt wird, zu überzeugenderen Resultaten führt, als wenn plausible Werte für virtuelle Personen gebildet werden.

Eine mittlere Position in der Komposition des Bandes nimmt der Beitrag von *Schmitz und Perels* ein. Sie stellen Möglichkeiten der Zeitreihenanalyse im Kontext eines Interventionsprojektes vor. Damit wird eine der wichtigsten Anwendungsmöglichkeiten für Veränderungsmessung, nämlich die Analyse der Wirkungen und Effektivität von Interventionsmaßnahmen in den Mittelpunkt gestellt.

In den nachfolgenden Beiträgen werden jeweils Beispiele der Vorgehensweise mit längsschnittlichen Daten aus konkreten Forschungsprojekten vorgestellt und diskutiert. *Grob* hat dies für die LifE-Studie geleistet, in der es darum geht, Stabilität und Veränderung von politischen Einstellungen über einen längeren Zeitraum nicht nur zu beschreiben, sondern auch nach Ursachen für Stabilität bzw. Veränderung zu fragen. *Limbird und Stanat* präsentieren Befunde aus einer Längsschnittuntersuchung mit Kindern deutscher und türkischer Herkunft, in der es darum geht, Prädiktoren für das entwickelte Leseverständnis darzustellen. *Watermann und Nagy* stellen den Verlauf egalitärer Orientierungen für Jungen und Mädchen vor. Sie können hier eine unterschiedliche Entwicklungsdynamik bei den beiden Geschlechtern in der Jugendzeit nachweisen.

Fasst man die Beiträge zusammen, so lässt sich erkennen, dass in der Forschungspraxis häufig ein Konglomerat von personen- und variablenorientierten Vorgehensweisen vorzufinden ist. Zudem wird deutlich, dass die Modulation von Veränderungsprozessen sowohl auf der methodischen als auch der forschungspraktischen Ebene ein aktuelles Thema ist, auf der viele Fortschritte zu verzeichnen sind, aber weiterhin viel Diskussionsbedarf besteht. Diese Diskussion möchten wir gern anhand der hier zusammengestellten Beiträge anregen und fortführen.

Angela Ittel und Hans Merkens

Variablen- und personenorientierte Forschung

Variable- and person-oriented research

Alexander von Eye

Zusammenfassung: Die gegenwärtig dominierende Forschungsstrategie in den empirischen Wissenschaften ist variablenorientiert. Die Ergebnisse statistischer Analysen werden in termini von Variablenbeziehungen formuliert. Die seit dem Beginn der 1980er Jahre entwickelte Personenorientierung führt dagegen zu Ergebnissen, die Individuen oder Gruppen von Individuen beschreiben und vergleichen. In dieser Arbeit werden Thesen und Kriterien der personenorientierten Forschung diskutiert. Im Anschluss wird ein Beispiel diskutiert, in dem dieselben Daten sowohl variablen- als auch personenorientiert analysiert werden. Es zeigt sich, dass mit den beiden Strategien der Datenanalyse sowohl komplementierende als auch widersprüchliche Ergebnisse erzielt werden können. Abschließend werden Argumente vorgestellt, anhand derer entschieden werden kann, ob ein vorliegender Datensatz personen- oder variablenorientiert ausgewertet werden soll.

Abstract: The dominant strategy utilized in current empirical sciences is the variable oriented research approach. Accordingly, the results of most statistical analysis are phrased in reference to variable associate ions. In contrast, the person oriented approach, developed in the early 80ies, leads to comparisons of individuals or group of individuals. This chapter first discusses assumptions and criteria of person oriented research and presents comparative examples of analysis applying the variable- and the person oriented approach. Results show that both strategies reveal complementary and contradictory results. Finally, this chapter presents criteria that can be used in deciding whether data should be analyzed using the person- or the variable centred approach.

Seit den 1980er Jahren wurde unter dem Titel „personenorientierte Forschung" ein neues Paradigma empirischer sozialwissenschaftlicher Forschung entwickelt. Dieses Paradigma birgt sowohl substanzwissenschaftliche als auch methodische Implikationen. In dieser Arbeit wird ein Überblick über die Thesen der personenorientierten Forschung gegeben. Zudem wird ein Beispiel aus in der Literatur vorgestellten Ergebnissen diskutiert. Dieses Beispiel wurde im Hinblick auf seine pädagogisch-psychologische Relevanz ausgewählt. Wir beginnen mit einer Diskussion der wichtigsten Thesen der personenorientierten Forschung.

1. Thesen der personenorientierten Forschung

Das Paradigma, das die empirischen Sozialwissenschaften zu Beginn des dritten Jahrtausend dominiert, ist *variablenorientiert*. Daten werden mit Hilfe von Personenstichproben erhoben. Dabei spielen Personen meist nur die Rolle der zufälligen Datenträger. Sie sind austauschbar, und die Ergebnisse von Datenanalysen sollten nicht von Stichprobencharakteristiken überschattet werden. Mit Hilfe von Methoden der Stichprobenziehung, z.B. Bootstrap-Methoden, werden sogar Standardfehler geschätzt und Signifikanztests gespeist.

Ein Beispiel, wie im Rahmen dieses Paradigmas vorgegangen wird, bietet das Schema, das Eysenck (1958) vorgeschlagen hat, um zu Dimensionen der Beschreibung der Persönlichkeit zu kommen (siehe auch von Eye & Bogat, 2005). Abbildung 1 stellt dieses Schema dar. Von unten nach oben gelesen, zeigen die Rechtecke der ersten Zeile *spezifische Reaktionen* an. In der empirischen Forschung werden diese zur Beschreibung beobachteten Verhaltens verwendet. Man erhält dann Sätze der Form „Person A zeigt Handlung b". Auf der nächst höheren Ebene werden Verhaltensbeschreibungen auf *habituelle Reaktionen* angelegt. Hier werden wiederholt auftretende Verhaltensweisen von denen unterschieden, die nur selten beobachtet werden. Auf der dritten Ebene werden Persönlichkeitseigenschaften beschrieben. Beobachtungen werden meist standardisiert durchgeführt, z.B. mit Hilfe von Persönlichkeitstests, und die Beschreibung des Verhaltens von Individuen basiert fast ausschließlich auf den Antworten, die die Individuen auf die Fragen geben, die in diesen Tests gestellt werden.

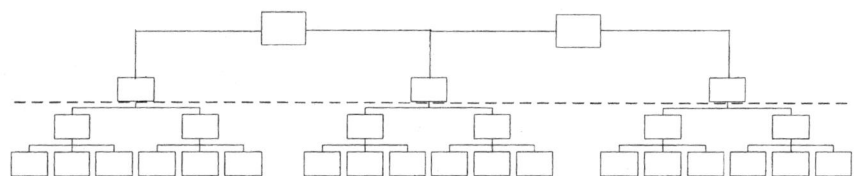

Abbildung 1: Eysenck's Schema der Erzeugung von Persönlichkeitsdimensionen

Personen werden nicht verglichen, indem man Beobachtungen in Situationen des täglichen Lebens anstellt, sondern indem man ihnen Werte auf den Skalen zuweist, die zur Messung von Persönlichkeitseigenschaften verwendet werden. Zudem entsteht hier die Möglichkeit, Beziehungen zwischen Persönlichkeitseigenschaften zu untersuchen, ohne Bezug auf konkrete Personen zu nehmen. Auf der höchsten, der vierten Ebene, werden Abstraktionen vorgenommen, die es erlauben, von Dimensionen von Persönlichkeitseigenschaften zu sprechen, z.b. der Dimension Extraversion, die mehrere Eigenschaften subsumiert.

In diesem Schema findet ein wichtiger Übergang zwischen der zweiten und der dritten Ebene statt. Auf den ersten beiden Ebenen werden Individuen beschrieben. Beginnend mit der dritten Ebene wird es möglich, auch über Persönlichkeitseigenschaften zu sprechen, losgelöst von den Personen, die mit Hilfe dieser Eigenschaften beschrieben werden können. Wie sich noch im Laufe dieser Arbeit zeigen wird, ist es nicht so, dass allein die ersten beiden Ebenen variablenorientiertes Vorgehen erlauben. Auf diesen Ebenen werden die Werkzeuge der Persönlichkeitspsychologie, d.h. die Variablen und Dimensionen der Persönlichkeit, entwickelt. Mit Hilfe dieser Werkzeuge kann ebenfalls personenorientierte Forschung betrieben werden, zumindest in einem differentialpsychologischen Kontext.

Welche Merkmale zeichnet nun die personenorientierte Forschung aus? In den folgenden Abschnitten werden die wichtigsten dieser Merkmale diskutiert (weitere Diskussionen finden sich bei Bergman & Magnusson, 1997; von Eye & Bergman, 2003; von Eye & Bogat, 2005). Wir diskutieren zunächst fünf der Thesen der personenorientierten Forschung. Im Anschluss behandeln wir Kriterien der personenorientierten Forschung.

1.1 Thesen der personenorientierten Forschung

In diesem Abschnitt diskutieren wir die wichtigsten fünf der sieben Thesen der personenorientierten Forschung, die Bergman und Magnusson (1997) formuliert haben.

(1) Struktur, Entwicklung und Dynamik von Verhalten (SED) sind, zumindest teilweise, personen- oder gruppenspezifisch. Diese These impliziert, dass SED nicht universell sind. Individuen und Gruppen von Individuen unterscheiden sich in SED in nicht-trivialer Weise und in nicht-trivialem Ausmaß.

(2) Intraindividuelle Entwicklung und ihre interindividuellen Unterschiede können systematisch beschrieben werden. Diese These impliziert, dass interindividuelle Unterschiede und Gruppenunterschiede nicht der Fehlervarianz zugeschlagen

werden brauchen, und dass sie es wert sind, zum Gegenstand der Untersuchung gemacht zu werden. Diese These ist damit das verbindende Element der personenorientierten und der differentiellen Psychologie (Stern, 1911; Anastasi, 1954), die interindividuelle Unterschiede zum Thema hat. Die personenorientierte Forschung hat jedoch einen weiter gehenden Themenbereich als die differentielle Psychologie, wie später noch diskutiert werden wird.

(3) SED wird in termini von Verhaltensmustern beschrieben. Solche Muster beinhalten personen- oder gruppenspezifische Merkmalsprofile. Diese Profile können synchrones Verhalten betreffen, diachrones Verhalten, oder beides. Im Unterschied dazu operiert die variablenorientierte Forschung auf dem Niveau von Variablenbeziehungen. Solche sind für die personenorientierte Forschung nur dann von Interesse, wenn sie es erlauben, Individuen oder Gruppen voneinander zu unterscheiden.

(4) Die Zahl der Muster, die in der personenorientierten Forschung zur validen Beschreibung von Individuen oder Gruppen erforderlich sind, ist klein. Molenaar (2004) diskutiert die technischen Aspekte der Unterscheidung einer großen Zahl von Personen aus der Sicht der idiographischen Psychologie. Bergman und Magnusson haben jedoch bereits 1997 postuliert, dass die erforderliche Zahl unterschiedlicher Muster klein ist (siehe auch von Eye, 2004).

(5) Manche dieser Muster treten häufiger und manche andere weniger häufig auf, als man auf der Basis von statistischen Zufallsmodellen erwarten sollte. Dies kann in Analogie zu den Typen und Antitypen der Konfigurationsfrequenzanalyse (KFA; Lienert, 1968; von Eye & Gutiérrez Peña, 2004) gesehen werden.

1.2 Kriterien personenorientierter Forschung

Nachdem im letzten Abschnitt Eigenschaften personenorientierter Forschung behandelt wurden, werden in diesem Abschnitt drei Kriterien behandelt (von Eye & Bogat, 2005). Diese Kriterien betreffen hauptsächlich die Stichprobenziehung und den Bezug von Ergebnissen zu wissenschaftlicher Theorie.

Das *erste Kriterium* ist, dass Stichproben unter der Annahme gezogen werden, dass sie mehr als einer Population entstammen können. Hier sind zwei Fälle zu unterscheiden. Im ersten Fall ist a priori bekannt, dass die Gruppen existieren. Dies ist z.B. der Fall, wenn Frauen mit Männern verglichen werden oder wenn man die Entwicklung von Depression bei Opfern von Gewalttaten im Vergleich zu Personen vergleicht, die nicht zu Opfern geworden sind.

Im zweiten Fall wird lediglich angenommen, dass unterschiedliche Gruppen existieren können. Diese Gruppen unterscheiden sich dann von anderen Gruppen z.B. in ihren Mittelwerten, Entwicklungsverläufen oder Kovarianzstrukturen. Es ist dabei aber nicht von vornherein bekannt, welches Individuum welcher Gruppe angehört. Auch die Zahl der Gruppen ist oft unbekannt. Es ist daher nach diesen Gruppen zu suchen. Dies kann z.B. mit Hilfe von Clusteranalysen oder latenten Klassenanalysen geschehen. Die Erzeugung von Gruppen hat dabei den Annahmen Rechnung zu tragen, die mögliche Gruppenunterschiede betreffen. Verwendet man latente Klassenanalysen, dann versucht man, eine Gruppenstruktur zu erzeugen, die die Assoziationen zwischen Variablen erklärt. Mit Hilfe von Clusteranalysen werden Distanz- oder Korrelationsstrukturen erklärt.

In jedem dieser Fälle ist es für die personenorientierte Forschung wichtig, dass eine vorliegende oder aufgedeckte Gruppenstruktur theoretisch erklärt wird. Dies ist bei biologischen Gruppen meist problemlos. Werden Gruppen jedoch mit statistischen Methoden aufgedeckt, dann ist es wichtig, sie vor dem Hintergrund substanzwissenschaftlicher Theorien plausibel zu machen.

Das *zweite Kriterium* personenorientierter Forschung ist, dass Gruppen extern validiert werden. Dies gilt sowohl für a priori existierende Gruppierungen, z.B. Geschlechtergruppen, als auch, und vor allem, für Gruppen, die mit Methoden der Statistik gefunden wurden. *Externe Validierung* bedeutet, dass versucht wird, die Gruppierung auch im Raum der Variablen zu etablieren, die nicht zur Gruppierung verwendet wurden. Es ist z.B. sowohl trivial als auch falsch (weil das Postulat der Zufallszuordnung zu Gruppen verletzt wäre), varianz- oder diskriminanzanalytisch zu zeigen, dass Gruppen, die clusteranalytisch auf der Basis von „Euklidischen Distanzmaßen" erzeugt wurden, in diesen Variablen Mittelwertsunterschiede aufweisen. Es ist wesentlich interessanter zu versuchen, diese Gruppen im Raum anderer Variablen zu trennen, was durchaus mit Methoden der Varianz- oder Diskriminanzanalyse geschehen kann.

Das *dritte Kriterium* ist, dass die im Raum anderer Variablen gefundenen Gruppenunterschiede auf der Basis substanzwissenschaftlicher Theorie erklärt werden. Es ist zu zeigen, warum diese Unterschiede existieren, und es ist zu erklären, ob diese Unterschiede im Einklang mit Theorien stehen. Dieses Postulat kann als dem Aspekt des ersten Postulats parallel angesehen werden, in dem nach einer theoretischen Erklärung einer Gruppierung verlangt wird. Im ersten Postulat geht es allerdings um die Etablierung der Gruppen im Raum der Variablen, die die Gruppen definieren. Hier geht es um die Erklärung von Gruppenunterschieden im Raum anderer Variablen. Es ist zu beachten, dass Varianz- und Diskriminanzanalysen nur als Beispiele für Methoden verwendet wurden, Gruppenunterschiede zu untersuchen. Gruppenunterschiede können auch andere Parameter als Mittelwerte betreffen, z.B. „odds ratios" oder Kovarianzstrukturen.

2. Eine Beispieluntersuchung

In den folgenden Abschnitten wird eine Beispieluntersuchung diskutiert, in der Daten sowohl aus der Sicht der variablenorientierten als auch aus der Sicht der personenorientierten Forschung analysiert wurden. Es wird illustriert werden, dass die beiden Analysestrategien durchaus zu widersprüchlichen Ergebnissen führen können (vgl. von Eye, Bogat, & Rhodes, 2005; von Eye & Bogat, 2005).

Die Daten, deren Analyse im Folgenden berichtet wird, wurden im Rahmen einer größeren Untersuchung über Jugendliche mit hohen Risikowerten erhoben (detailliertere Angaben finden sich bei von Eye et al., 2005). In die folgenden Analysen gingen die Daten der Kontrollgruppe ein, d.h. die Daten von Jugendlichen mit unauffälligen Risikowerten. Die Kontrollgruppe enthält 3558 Respondenten mit kompletten Daten. Von diesen Respondenten waren 67.7% weiblich und 79.2% gehörten Minderheitenpopulationen an. Im Schnitt waren die Respondenten 12.76 Jahre alt, mit einem range von 9 bis 18 Jahren. Die Respondenten wurden zwei Mal befragt. Der Abstand zwischen den beiden Befragungen betrug 5 Monate.

In dieser Arbeit werden die Antworten auf die Fragen zum Alkoholkonsum und zu den elterlichen Einstellungen betrachtet. Im Einzelnen gaben die Jugendlichen an, wie viel Alkohol sie in den Ein-Monats-Perioden vor den beiden Befragungen konsumiert hatten. Hierzu wurden die folgenden Antwortkategorien vorgegeben: „keinen Alkohol konsumiert", „1-2 Tage im letzten Monat", „3-5 Tage im letzten Monat", „6-9 Tage im letzten Monat", „10-19 Tage im letzten Monat" oder „20-31 Tage im letzten Monat". Die elterlichen Einstellungen wurden über einen 3-Item-Fragebogen erfasst. Die Items hatten 4 ordinale Kategorien, die wie folgt gekennzeichnet waren: 1 = Eltern wären nicht böse, würden sie erfahren, dass die Jugendlichen Alkohol trinken, 2 = Eltern wären ein bisschen böse, 3 = Eltern wären ziemlich böse und 4 = Eltern wären sehr böse. Dieses Instrument wurde den Jugendlichen auch zu beiden Zeitpunkten vorgelegt. In die folgenden Analysen gehen die Antworten zu den elterlichen Einstellungen zum ersten Zeitpunkt und zum Alkoholkonsum zu beiden Zeitpunkten ein. Diese Daten wurden zunächst auf Aggregatniveau, d.h. variablenorientiert, und im Anschluss personenorientiert analysiert.

2.1 Variablenorientierte Analysen

Variablenorientiert wurde eine 2 (Geschlecht) x 4 (elterliche Einstellungen) x 2 (Alkoholkonsum) Messwiederholungsvarianzanalyse durchgeführt, wobei der letzte Faktor die Messwiederholungen trägt. Die multivariaten Überblickstests ergaben, dass die Nullhypothesen für alle Haupteffekte und Interaktionen zurückgewiesen werden können. Dies gilt sowohl für die Varianz-zwischen-Effekte als auch für die Varianz-innerhalb-Effekte. Im Folgenden werden die Effekte interpretiert. Wir beginnen mit den Varianz-innerhalb-Effekten, d.h. den Messwiederholungseffekten.

Varianz-innerhalb-Effekte

Insgesamt ergab sich für den Beobachtungszeitraum von 5 Monaten, dass der Alkoholkonsum nach Angaben der Jugendlichen zurückging (Haupteffekt Zeit). Dieser Rückgang war für die männlichen Befragten stärker als für die weiblichen (Interaktion Geschlecht x Zeit). Abbildung 2 illustriert diesen Effekt.

Abbildung 2 zeigt, dass der Alkoholkonsum sowohl für die männlichen als auch für die weiblichen Respondenten zurückging und dass der Effekt bei den männlichen Befragten stärker war. Die Abbildung zeigt auch, dass (1) der Effekt insgesamt sehr gering war ($\hat{\eta}_{Zeit} = 0.015$ und $\hat{\eta}_{Zeit \times Geschlecht} = 0.09$) und (2), dass sich der Alkoholkonsum im Durchschnitt auf sehr niedrigem Niveau bewegte (siehe oben für die Bedeutung der Skalenwerte der y-Achse).

Weiterhin zeigte sich, dass die Einstellungen der Eltern zum ersten Zeitpunkt einen stärkeren Einfluss hatten als zum zweiten (Einstellungen x Zeit Interaktion). Zudem hatten die Einstellungen der Eltern zum ersten Zeitpunkt auf die männlichen Respondenten einen stärkeren Effekt als auf die weiblichen (Einstellungen x Geschlecht x Zeit Interaktion). Diese beiden Effekte werden in den beiden Graphen in Abbildung 3 illustriert.

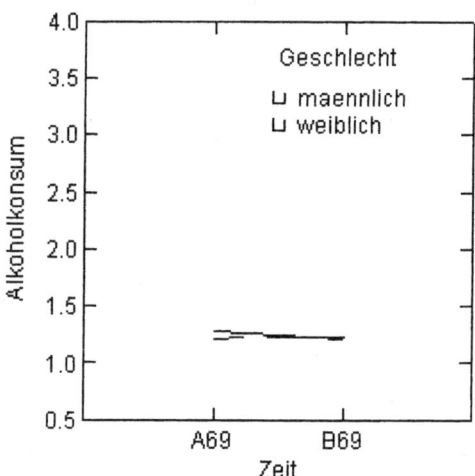

Abbildung 2: Haupteffekt Zeit und Interaktion Zeit x Geschlecht für Alkoholkonsum über einen Zeitraum von 5 Monaten

Abbildung 3 zeigt in ihrem linken Graphen, dass die Beziehung zwischen elterlichen Einstellungen und Alkoholkonsum nichtlinear ist, vor allem in der Population der männlichen Befragten. Erst, wenn die Einstellungen der Eltern den Skalenmittelpunkt überschreiten, berichten die männlichen Jugendlichen über geringeren Alkoholkonsum. Zum zweiten Messzeitpunkt (rechter Graph) ist der Alkoholkonsum insgesamt niedriger (siehe Abbildung 2), und der Geschlechtsunterschied für den Effekt der elterlichen Einstellungen ist verschwunden. Die Varianzanteile, die durch diese beiden Effekte aufgeklärt werden, sind ebenfalls gering ($\eta_{\text{Einstellungen x Zeit}} = 0.016$ und $\eta_{\text{Einstellungen x Geschlecht x Zeit}} = 0.012$).

Variablen- und personenorientierte Forschung 17

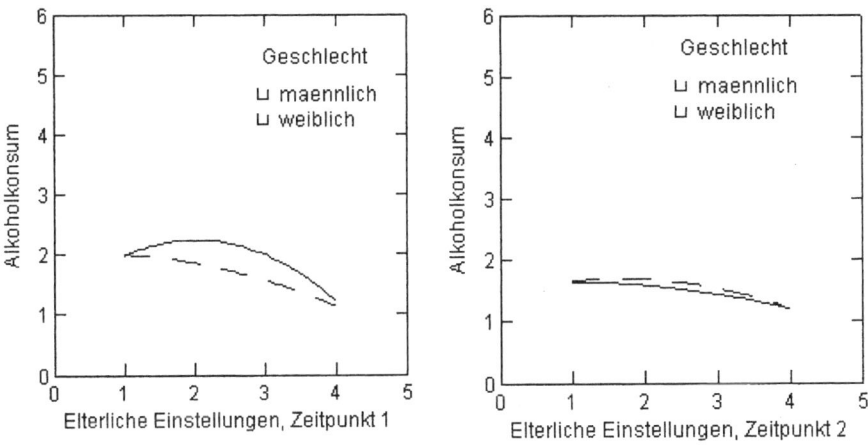

Abbildung 3: Illustration der Einstellungen x Zeit und der Einstellungen x Geschlecht x Zeit, Interaktionen für Alkoholkonsum über einen Zeitraum von 5 Monaten

Varianz-zwischen-Effekte

Der erste Varianz-zwischen-Effekt betrifft die Geschlechtsunterschiede im Ausmaß des Alkoholkonsums. Es zeigt sich, dass, nach eigenen Angaben, die männlichen Befragten mehr trinken als die weiblichen (Haupteffekt Geschlecht). Dies wird in Abbildung 4 illustriert.

Abbildung 4 zeigt, dass in der linken, untersten Kategorie klar mehr weibliche Respondenten zu sehen sind als in den weiteren Kategorien. Dies gilt auch dann, wenn man berücksichtigt, dass 68% der Respondenten weiblich waren. Die unterste Kategorie ist die derjenigen Respondenten, die angeben, gar keinen Alkohol zu trinken. Die Säulen für die Antworten, die höheren Alkoholkonsum andeuten, werden zunehmend gleich groß. Dies deutet an, dass männliche Respondenten hier überrepräsentiert sind, weil mehr weibliche als männliche Jugendliche in der Stichprobe sind. Dennoch erklärt auch dieser Effekt nur sehr wenig Varianz ($\eta_{Geschlecht} = 0.009$).

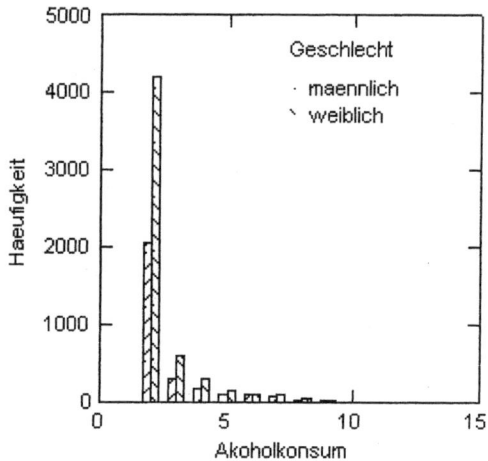

Abbildung 4: Haupteffekt Geschlecht für Alkoholkonsum über einen Zeitraum von 5 Monaten (aggregiert über beide Messzeitpunkte)

Der Haupteffekt elterliche Einstellungen ist in Abbildung 5 illustriert. Er zeigt, dass die Beziehung nichtlinear ist (siehe Abbildung 3) und stärker für männliche als für weibliche Respondenten. Dieser Effekt ist der stärkste der vorliegenden Analyse. Er erklärt aber dennoch nicht mehr als durch $\eta_{Einstellungen} = 0.121$ angezeigt wird. Die Interaktion mit Geschlecht erklärt noch weniger Varianz ($\eta_{Einstellungen \ x \ Geschlecht} = 0.007$).

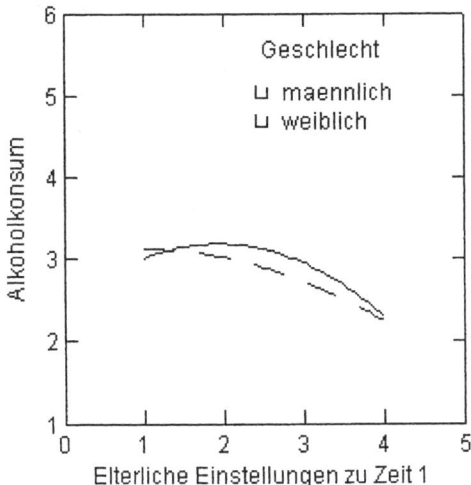

Abbildung 5: Haupteffekt elterliche Einstellungen und Interaktion Einstellungen x Geschlecht, über einen Zeitraum von 5 Monaten (aggregiert über beide Messzeitpunkte)

Ergebnisdiskussion

Betrachtet man diese Ergebnisse im Überblick, so wirken sie plausibel. Negative elterliche Einstellungen führen offenbar dazu, dass Jugendliche weniger trinken, oder zumindest angeben, sie würden weniger trinken als Jugendliche, deren Eltern aus der Sicht der befragten Jugendlichen weniger negative Einstellungen haben. Weibliche Befragte trinken weniger als männliche. Auch das ist im Einklang mit den Ergebnissen, die in der Literatur oft berichtet werden, und mit den Vorurteilen, die männlichen Jugendlichen oft entgegengebracht werden. Dass die Beziehung zwischen elterlichen Einstellungen und Menge des Alkoholkonsums nichtlinear ist, kann auch problemlos interpretiert werden: es scheint so zu sein, dass ein Effekt auf das Trinkverhalten erst nach der Skalenmitte deutlich wird. Dies gilt analog für die anderen oben berichteten Ergebnisse.

Verwunderlich ist allerdings, dass die Effektstärken so gering sind. Auch bei großen Stichproben erwartet man stärkere Effekte, wenn die Variablenbeziehungen klar sind. Im vorliegenden Fall könnte man argumentieren, dass es sich um eine Fragenbogenuntersuchung handelt, und dass die analysierten Skalen deshalb von geringer Reliabilität sind. Man könnte auch vermuten, dass die Jugendlichen die Fragen nachlässig beantwortet haben oder sich über die Einstellungen ihrer Eltern nicht recht im Klaren waren.

Man könnte aber auch die Hypothese aufstellen, dass die Skalen durchaus von respektabler Reliabilität sind und dass in den Daten noch erklärbare Varianz verborgen liegt. Solche Varianz könnte z.b. dadurch entstanden sein, dass die Effekte nicht uniform sind, und die Jugendlichen auf unterschiedliche Weise auf die wahrgenommenen elterlichen Einstellungen reagieren. Mit einem Wort, es könnte die Hypothese untersucht werden, dass abgrenzbare Teilpopulationen existieren, deren Existenz in der Varianzanalyse zur Vergrößerung der Fehlervarianz beiträgt, so lange sie nicht bekannt sind und zum Gegenstand der Analysen gemacht werden.

Aus diesem Grund wurden die Daten auch unter einer personenorientierten Strategie analysiert. Die Ergebnisse dieser Analysen werden im nächsten Abschnitt diskutiert (vgl. von Eye et al., 2005).

2.2 Personenorientierte Analysen

Es ist natürlich, dass das Design in einer Fragebogenuntersuchung wie der obigen nicht orthogonal ist. Mit anderen Worten, die Zellhäufigkeiten in dem 2 (Geschlecht) x 4 (elterliche Einstellungen) x 2 (Alkoholkonsum) Design sind stark unterschiedlich. In den folgenden Analysen wird versucht, die Information, die in diesen Unterschieden liegt, zum Gegenstand der Auswertung zu machen. Die Auswertung wird exploratorisch sein, weil keine Hypothesen zur Struktur dieser Information verfügbar sind.

Zur Analyse der Zellhäufigkeiten wird die Konfigurationsfrequenzanalyse verwendet (KFA; Lienert, 1968; von Eye & Gutiérrez Peña, 2004). Mit diesem Verfahren werden die einzelnen Zellhäufigkeiten betrachtet und mit Häufigkeiten verglichen, die auf der Basis eines Zufallsmodells geschätzt worden waren. Enthält eine Zelle signifikant mehr Fälle als nach dem Zufallsmodell zu erwarten gewesen war, so konstituiert sie einen *KFA-Typ*. Enthält eine Zelle signifikant weniger Fälle als nach dem Modell zu erwarten gewesen war, so konstituiert sie einen *KFA-Antityp* (zur Formulierung von Zufallsmodellen siehe von Eye, 2002). In der personenorientierten Forschung werden die Typen und die Antitypen durch ihre Merkmalsprofile gekennzeichnet, und es wird häufig versucht, sie auch im Raum der Variablen zu unterscheiden, die nicht zu ihrer Konstituierung verwendet wurden (externe Validierung von Typen und Antitypen). Im vorliegenden Zusammenhang konzentrieren wir uns auf die erste dieser Möglichkeiten.

Es ergaben sich insgesamt 9 Typen und 10 Antitypen. Diese sind im Detail bei von Eye et al. (2005) beschrieben. Hier diskutieren wir eine Auswahl, speziell im Hinblick auf die Ergebnisse, die in Abschnitt 2.1 varianzanalytisch erzielt worden waren.

Ein erster Antityp zeigt an, dass es extrem unwahrscheinlich ist, dass Mädchen zum ersten Befragungszeitpunkt trinken, aber nicht zum zweiten. Dies gilt selbst dann, wenn ihre Eltern sehr negative Einstellungen ihrem Alkoholkonsum gegenüber haben. Zwei Typen zeigen an, dass Mädchen entweder gar nichts trinken oder nur in moderaten Mengen, ebenfalls zu beiden Befragungszeitpunkten. Für diese weiblichen Respondenten stellt sich die Beziehung zwischen elterlichen Einstellungen und ihrem Trinkverhalten anders dar. Die Beziehung zwischen elterlichen Einstellungen und dem Trinkverhalten der Mädchen verläuft immer noch kurvilinear. Der Effekt der Einstellungen ist jedoch nicht mehr statistisch signifikant. Es zeigt sich zudem, dass der Alkoholkonsum für diese Mädchen sich über das Befragungsintervall nur gering ändert. Dies wird durch einen weiteren KFA-Antityp bestätigt, der Mädchen beschreibt, die über das Befragungsintervall ihr Trinkverhalten entweder gar nicht oder nur geringfügig modifizieren.

Das markanteste Ergebnis der KFA war der folgende Typ für weiblich Befragte. 1529 der 2410 Mädchen, das sind 63.44%, trinken, nach eigenen Angaben, zu keinem der beiden Zeitpunkte. Bei den Jungen gaben 655 der 1148 Befragten an, sie würden zu keinem der beiden Zeitpunkte trinken (57.06%). Bei den Jungen ist diese große Zahl statistisch kein Typ. Fasst man jedoch die Jungen und die Mädchen mit diesem Profil zusammen, dann wird ein geschlechtsunabhängiger Typ der Nichttrinker konstituiert.

Diskussion der KFA Ergebnisse

Vergleicht man die Ergebnisse der KFA mit denen der Varianzanalyse, dann fallen sofort die Widersprüche auf, die den Trend über die Zeit und den Effekt der elterlichen Einstellungen betreffen. Auf der Basis der varianzanalytischen Ergebnisse ist der Schluss vertretbar, dass, geschlechtsunabhängig, der Alkoholkonsum über das Befragungsintervall insgesamt reduziert wird. Diese Aussage ist variablenorientiert und erfordert ohne das Vorliegen weiterer Hinweise keine Modifikation. Auf der

Basis der KFA ist dagegen festzustellen, dass die große Mehrzahl der Befragten angibt, sie würden gar nicht trinken. Der signifikante Trend über die Zeit wird daher nur von einer Minderheit der Jugendlichen getragen. Der Schluss, dass der Konsum von Alkohol generell reduziert wird, ist daher in der Form nicht haltbar, obwohl er signifikant ist.

Was die elterlichen Einstellungen betrifft, so war auf der Basis der varianzanalytischen Ergebnisse bereits festgestellt worden, dass männliche Jugendliche stärker zu reagieren scheinen als weibliche. Auf der Basis der KFA ist jedoch zu sagen, dass es eine Gruppe von Mädchen gibt, die sich um die elterlichen Einstellungen wenig zu scheren scheinen. Sie trinken, meist in moderaten Mengen, unabhängig davon, was ihre Eltern dazu meinen. Für diese Gruppe ist der Effekt der elterlichen Einstellungen nicht nur schwächer als bei Jungen, er ist nicht existent.

Betrachtet man in diesem Vergleich der Ergebnisse der Varianzanalyse mit denen der KFA die Aussagen, die getroffen werden, und ihren Geltungsbereich, so lassen sich die Unterschiede zwischen variablen- und personenorientierter Forschung deutlich sehen. Zwei dieser Unterschiede sollen hier herausgearbeitet werden.

Erstens werden mit Hilfe der Varianzanalyse Ergebnisse erzielt, die sich auf Variablen, nicht auf Personen beziehen. Eine typische Aussage auf diesem Niveau besagt, *elterliche Einstellungen haben einen Effekt auf das Trinkverhalten der Jugendlichen*. Hier wird von Einstellungen auf Trinkverhalten geschlossen. Personen sind, wie oben bereits festgestellt wurde, nur zufällige und austauschbare Datenträger. Im Unterschied dazu trifft man auf der Basis von KFA-Ergebnissen Aussagen wie: *es ist unwahrscheinlich, dass Mädchen zum ersten Zeitpunkt trinken, aber nicht zum zweiten*. Hier wird über Personen mit einem bestimmten Merkmalsprofil (Konfiguration) gesprochen.

Zweitens gelten viele Aussagen, die mit Hilfe der Varianzanalyse getroffen werden, für alle Personen einer Population. Ein Beispiel ist die Aussage: *negative elterliche Einstellungen dem Alkoholkonsum der Jugendlichen gegenüber erlauben die Voraussage auf geringeren Alkoholkonsum*. Bei dieser Aussage wird keine Ausnahme gemacht. Sie gilt in dieser Form für alle weiblichen und männlichen Respondenten.

Es sollte aber vielleicht betont werden, dass die Varianzanalyse eine personenorientierte Komponente enthält. Diese Komponente ist im Geschlechtervergleich zu sehen. Die Aussage über den Effekt der elterlichen Einstellungen wurde auf der Basis signifikanter Interaktionen modifiziert, und es wurde gesagt, dass der Effekt der elterlichen Einstellungen bei Jungen größer ist als bei Mädchen, vor allem zum ersten Befragungszeitpunkt.

In der KFA gelten Aussagen im Gegensatz dazu immer nur für Teilpopulationen. Ein Beispiel ist die Aussage, dass nur 36.56% der weiblichen Respondenten angeben, Alkohol zu konsumieren. Dies sind signifikant weniger als nach dem Zufallsmodell zu erwarten war.

Es soll hier noch einmal hervorgehoben erden, dass varianzanalytische Ergebnisse immer die ganze Population beschreiben. Auch wenn Effekte nicht signifikant sind, gelten die resultierenden Aussagen immer für die gesamte Population. Im Unterschied dazu betreffen KFA-Ergebnisse immer nur die Teilpopulationen, die dem Zufallsmodell signifikant widersprechen. Identifiziert man die KFA-Typen oder Antitypen, dann widerspricht dies der Annahme, dass die untersuchte Stichprobe nur einer Population entstammt. Dies reflektiert einen fundamentalen Unterschied zwischen der variablen- und der personenorientierten Forschung.

3. Diskussion

In dieser Arbeit wurden Eigenschaften der variablen- und der personenorientierten Forschung miteinander verglichen. Eigenschaften und Kriterien der personenorientierten Forschung wurden diskutiert und anhand von Datenbeispielen illustriert. Es zeigte sich, dass die personenorientierte Analyse von Daten, die auch variablenorientiert ausgewertet werden, zu komplementären, aber auch zu widersprüchlichen Aussagen führen kann. Diese Widersprüche betreffen den Geltungsbereich von Aussagen und, vor allem, den Gegenstand der Aussagen. Personenorientierte Aussagen gelten meist für Teilpopulationen, und sie betreffen Personen und nicht Variablen.

Wir fragen nun, auf der Basis welcher Argumente entschieden werden kann, ob man einen Datensatz variablen- oder personenorientiert auswerten soll. Das erste Argument betrifft die Stichprobe, die für eine Analyse zur Verfügung steht. Kann glaubhaft gemacht werden, dass die Stichprobe aus einer bekannten, wohldefinierten und homogenen Population stammt, dann bietet es sich an, Analysen variablenorientiert durchzuführen. Der Grund dafür liegt auf der Hand. Ist eine Population homogen, dann ist es nicht denkbar, dass Teilpopulationen existieren, bei denen Konstrukte, die in der Restpopulation valide sind, nicht ebenfalls valide sind. In diesem Fall ist es auch nicht denkbar, dass Regressionskurven in Teilpopulationen andere Steigungswinkel haben oder Tests eine andere faktorielle Struktur. Analysen auf Aggregatniveau sind daher angemessen, und es kann geltend gemacht werden, dass Ergebnisse die gesamte Population beschreiben. Nachträgliche personenorientierte Analysen sollten hier fruchtlos bleiben.

Im Unterschied dazu findet man häufig, dass Stichproben aus mehreren Populationen stammen. Dies kann z.B. der Fall sein, wenn man Daten aus mehreren Quellen zusammenlegt, wenn mehr als eine Population in einem Erhebungsgebiet wohnt und sich deshalb Mitglieder aus mehreren Populationen in die Stichprobe selektieren, wenn sich Personen in einer längsschnittlichen Studie aus einer Population hinausentwickeln (z.B. wenn in einer Langzeitstudie über Singles eine Teilpopulation heiratet), oder wenn bewusst und geplant Teilnehmer aus mehreren Populationen in die Stichprobe aufgenommen werden. In diesen und ähnlichen Fällen gilt es, zu zeigen, dass sich die Populationen, aus denen gezogen wurde, in den für die Untersuchung interessanten Parametern nicht unterscheiden.

Dies ist eine Routineaufgabe, wenn bekannt ist, welche der Respondenten aus welcher Population stammen. Ist dagegen nicht bekannt, aus welchen und aus wie vielen Populationen eine Stichprobe gezogen wurde, so sollten statistische Methoden zur Trennung von Verteilungen angewendet werden. Dies sind z.B. Methoden der latenten Klassenanalyse oder der Clusteranalyse. Hat man eine Stichprobe auf diese Weise zerlegt, so können die einzelnen Populationen mit Methoden der variablenorientierten Forschung untersucht werden, oder es kommen personenorientierte Methoden zum Einsatz. Direkte Vergleiche der Populationen sind dann möglich, wenn *dimensionale Identität* gewährleistet ist, d.h., wenn Variablen und Konstrukte in den verschiedenen Populationen die gleiche Struktur haben (von Eye & Bergman, 2003).

Ist unbekannt, aus welchen und aus wie vielen Populationen eine Stichprobe gezogen wurde, dann kann es bedenklich sein, variablenorientierte Methoden anzuwenden. Es ist auf jeden Fall erst zu prüfen, ob eine Mischverteilung vorliegt. Personenorientierte Methoden sind hier meist weniger bedenklich, und Aussagen auf der Basis einer personenorientierten Auswertungsstrategie finden meist mehr Vertrauen, denn Aussagen auf Aggregatniveau sind schwer zu verteidigen.

Das zweite Argument der Entscheidung zwischen variablen- und personenorientierten Analysestrategien betrifft das *Ziel der Aussage*. Werden Aussagen über Populationen angestrebt, dann werden variablenorientierte Auswertungsstrategien meist bevorzugt, obwohl personenorientierte Aussagen durchaus auch auf Populationsebene sinnvoll sind. In jedem Fall sind hierbei Vorsichtsmaßregeln zu beachten. Eine der Regeln ist, dass vor der variablenorientierten Analyse geprüft werden muss, ob dimensionale Identität vorliegt. Eine zweite ist, dass Parameter vor der Aggregation zu schätzen sind. Eine dritte Regel ist, dass sichergestellt werden muss, dass der Fehler der *Ecological Fallacy* nicht begangen wird. Es gibt noch eine Reihe anderer Regeln, auf die an anderer Stelle eingegangen werden wird.

Wird dagegen angestrebt, Aussagen über Einzelfälle oder separate Populationen zu treffen, so gibt es für personenorientierte Analysemethoden keine Alternative. Auch hier lauern jedoch Gefahren. Eine Gefahr ist, dass fehlende dimensionale Identität auch hier Probleme mit sich bringt. Parameter und Skalenmesswerte können auch hier über Populationen hinweg nur dann verglichen werden, wenn dimensionale Identität nachgewiesen werden kann. Eine zweite Gefahr ist, dass die Schätzung von Parametern auf der Basis von aggregierten Daten zu starken Verzerrungen führen kann. Es sind daher Parameter auf der Ebene des Individuums zu schätzen und erst dann zu aggregieren. Eine dritte Gefahr ist, dass Gruppen, die nicht priori gegeben sind, sondern mit Methoden wie der Clusteranalyse identifiziert worden sind, auch Artefakte sein können. Es ist daher sicherzustellen, dass die Populationen, über die gesprochen werden soll, auch repräsentiert sind oder, im Extremfall, tatsächlich existieren.

Literatur

Anastasi, A. (1954). *Psychological testing*. London: Macmillan.
Bergman, L. R. & Magnusson, D. (1997). A person-oriented approach in research on developmental psychopathology. *Development and Psychopathology, 9*, 291-319.
Eysenck, H. J. (1958). *The scientific study of personality*. London: Routledge and Kegan.
Lienert, G. A. (1968). *Die „Konfigurationsfrequenzanalyse" als Klassifikationsmethode in der klinischen Psychologie*. Vortrag auf dem 26. Kongress der Deutschen Gesellschaft für Psychologie in Tübingen.
Molenaar, P. C. M. (2004). A manifesto on Psychology as idiographic science: Bringing the person back into scientific Psychology – this time forever. *Measurement: Interdisciplinary Research and Perspectives, 2*, 201-218.
Stern, W. (1911). *Die differentielle Psychologie in ihren methodischen Grundlagen (Methodological bases of differential psychology)*. Leipzig: Barth.
von Eye, A. (2002). *Configural Frequency Analysis–methods, models, and applications*. Mahwah, NJ: Lawrence Erlbaum.
von Eye, A. (2004). The treasures of Pandora's box. *Measurement: Interdisciplinary Research and Perspectives, 2*, 244-247.

von Eye, A. & Bergman, L. R. (2003). Research strategies in developmental psychopathology: Dimensional identity and the person-oriented approach. *Development and Psychopathology, 15,* 553-580.

von Eye, A. & Bogat, G. A. (2005). Person orientation – concepts, results, and development. *Merrill Palmer Quarterly.* (in press)

von Eye, A., Bogat, G. A. & Rhodes, J. E. (2005). Alcohol consumption in adolescence – variable-oriented and person-oriented perspectives of analysis. *Journal of Adolescent Research.* (under review)

von Eye, A. & Gutiérrez Peña, E. (2004). Configural Frequency Analysis – the search for extreme cells. *Journal of Applied Statistics, 31,* 981-997.

Schätzung von Veränderung mit „plausible values" in mehrdimensionalen Rasch-Modellen

Estimating Change using the plausible value technique within multidimensional Rasch-models

Johannes Hartig, Olga Kühnbach

Zusammenfassung: Um in IRT-Analysen mit Messwiederholungen individuelle Veränderungsschätzungen vorzunehmen, werden häufig virtuelle Personen gebildet, d.h. k Messungen je Person werden als k separate Fälle behandelt, und für jeden „Fall" wird ein unabhängiger Personenparameter geschätzt. Eine alternative Möglichkeit ist die Schätzung von Veränderungen im Rahmen mehrdimensionaler Rasch-Modelle, hierbei werden die k Messungen als k Dimensionen behandelt. Der Unterschied zwischen den beiden Vorgehensweisen wird insbesondere bei der Schätzung von *plausible values* (PVs) bedeutsam, welche Hintergrundvariablen und Zusammenhangsstrukturen der latenten Variablen berücksichtigen. Anhand eines einfachen Modells mit zwei Messzeitpunkten wird auf der Basis einer Simulationsstudie die Tauglichkeit der beiden Techniken zur Schätzung der wahren Veränderungen verglichen. Die im mehrdimensionalen Modell geschätzten PVs liefern unverzerrte Schätzungen der Varianz der Veränderungsmaße sowie der Zusammenhänge mit weiteren Variablen. Im Gegensatz dazu führt die Schätzung von PVs an virtuellen Personen zu einer Unterschätzung der erfassten Veränderungen und des Effektes differenzieller Variablen. Die Ergebnislage spricht deutlich für die Verwendung mehrdimensionaler IRT-Modelle zur Schätzung von Veränderungen.

Abstract: Within item response theory (IRT), different models can be used to measure change in repeated measurement designs. One common way to obtain individual estimates for change is to treat data from k different time points as k groups of independent „virtual persons" and to analyse the data using a standard unidimensional Rasch model. Another possibility is the application of multidimensional Rasch models and to treat each time point as a separate latent dimension. The difference between these two procedures becomes particularly crucial when proficiency estimates are obtained using plausible values (PVs) that incorporate background information and covariances between latent variables in the estimation procedure. Both methods are compared based on simulated data with two points of measurement. PVs estimated in a multidimensional Rasch model turn out to provide relatively unbiased estimates of total change and the relations between individual change and extraneous variables. PVs based on „virtual persons" strongly underestimate both total change as well as relations between individual change and extraneous variables. Results clearly indicate that multidimensional Rasch models are the more appropriate method to estimate individual change when using the plausible value technique.

1. Einleitung

Die Erfassung von Stabilität und Veränderung ist eines der Hauptanliegen in der wissenschaftlichen Erforschung der Entwicklung von Individuen. Hierbei besteht schon seit geraumer Zeit eine Diskussion darüber, was genau unter Stabilität bzw. Veränderung überhaupt zu verstehen ist (z.B. Wohlwill, 1973; Kagan, 1980; Alwin, 1994; Costa & McCrae, 1980). Häufig wird unter Stabilität vor allem normative Stabilität verstanden, welche nach Alwin (1994) die Erhaltung einer Rangreihe von Individuen auf einem bestimmten Qualitätskontinuum meint (Positionsstabilität). Nach dieser Definition ist Stabilität prinzipiell unabhängig von intra-individueller Veränderung und reflektiert *nicht* die Abwesenheit oder das Fehlen von Veränderung per se, sondern lediglich das Nicht-Vorhandensein interindividueller Differenzen von intra-individuellen Veränderungen. In der empirischen Bildungsforschung dagegen interessieren auch globale Veränderungen, zum Beispiel der generelle Leistungszuwachs einer ganzen Schülerpopulation innerhalb einer Jahrgangsstufe. Zusätzlich sind differenzielle Veränderungen von Interesse, wenn etwa Unterschiede in intra-individuellen Veränderungen (z.B. unterschiedliche Leistungszuwächse) durch Unterrichtsvariablen vorhergesagt werden sollen.

Die Messung von Veränderung stellt allerdings ein generelles methodisches Problem in der Pädagogischen Psychologie und in den Erziehungswissenschaften dar. Veränderungsmaße basieren auf mehreren wiederholten Messungen und sind daher mehrfach messfehlerbehaftet (unreliabel). Die miteinander unkorrelierten Messfehler zu zwei Messpunkten führen zu negativen Korrelationen zwischen dem Ausgangswert und der Differenz zwischen beiden Zeitpunkten (Rost, 2004), die ein rein messfehlerbedingtes Artefakt darstellen und nicht inhaltlich interpretierbar sind.

In der DESI-Studie („Deutsch-Englisch-Schülerleistung-International"; Beck & Klieme, 2003) soll der Leistungszuwachs von Schülerinnen und Schülern innerhalb des neunten Schuljahres in den Fächern Deutsch und Englisch ermittelt werden. Verschiedene Facetten von Deutsch- und Englischkompetenzen werden in DESI zu zwei Messzeitpunkten, nämlich zu Beginn und Ende der neunten Jahrgangsstufe erfasst. Die Tests werden hierbei in einem Matrix-Design vorgegeben, in dem jeder Schüler zu beiden Zeitpunkten andere Aufgaben bearbeitet und dennoch jede Aufgabe zu beiden Zeitpunkten eingesetzt wird.

Die Auswertung der aus diesem Design resultierenden Daten erfordert die Verwendung von Item-Response-Modellen, mit denen die erfassten Kompetenzen für alle getesteten Schüler zu beiden Zeitpunkten trotz unterschiedlicher bearbeiteter Aufgabenmengen auf einer gemeinsamen Skala beschrieben werden können. Allerdings sind die interessierenden Veränderungsmaße auch bei Verwendung dieser Methoden messfehlerbehaftet. Um mit dieser Problematik bei der Auswertung von DESI angemessen umzugehen, wurden verschiedene Auswertungsmöglichkeiten im Vorfeld anhand einer Simulationsstudie verglichen.

In diesem Beitrag wird zunächst kurz allgemein auf verschiedene Verfahren zur Schätzung der Personenfähigkeiten in der Item-Response-Theorie (IRT) eingegangen, wobei hier insbesondere die sogenannte „Plausible-Value-Technik" von Bedeutung ist. Im Anschluss daran wird zunächst ein Messmodell der IRT zur Erfassung *globaler und gruppenspezifischer Veränderungen* geschildert, dann mögliche Modelle zur Schätzung *personenspezifischer Veränderungen*. Im zweiten Teil dieses Beitrages wird eine Simulationsstudie beschrieben, anhand derer die möglichen Verfahren zur Schätzung der Personenfähigkeiten in Messwiederholungsdesigns miteinander verglichen werden. Abschließend werden die Ergebnisse diskutiert und die Konsequenzen für die Auswertung der DESI-Studie skizziert.

1.1 Modellierung von Leistungsdaten in der Item-Response-Theorie

Die Auswertung von Leistungsdaten erfolgt in Schulleistungsstudien häufig mit Methoden der Item-Response-Theorie (z.B. van der Linden & Hambleton, 1997). Hierbei werden die Messwerte für einen Leistungstest nicht direkt als Testwert aus den beobachteten Testleistungen gebildet (z.B. als Summe aller gelösten Aufgaben), sondern auf Basis eines explizit formulierten statistischen Messmodells geschätzt. Modelle der IRT gehen von latenten (nicht direkt beobachtbaren) kontinuierlichen Personenvariablen aus, die dem Antwortverhalten zugrunde liegen und über dieses erschlossen werden können. Das dichotome Rasch-Modell, eines der einfachsten und verbreitetsten IRT-Modelle, enthält Parameter für Personenfähigkeiten und Aufgabenschwierigkeiten, aus denen die Lösungswahrscheinlichkeit jeder Aufgabe für Personen mit unterschiedlichen Fähigkeiten bestimmt werden kann (Fischer & Molenaar, 1995; Rost, 2004). Bei der Auswertung von Leistungstestdaten auf Basis des Rasch-Modells werden sowohl die Schwierigkeiten der Aufgaben als auch die Fähigkeiten der Personen geschätzt, beide können auf einer gemeinsamen Skala abgebildet werden. Werden Schülerleistungen auf Basis des Rasch-Modells ausgewertet, werden die für jeden Schüler geschätzten Fähigkeitsparameter als Messwerte für die Schülerleistungen verwendet. Mit diesem Vorgehen sind eine Reihe untersuchungs- und auswertungstechnischer Vorteile verbunden. Ein wesentlicher untersuchungsökonomischer Vorteil ist, dass jeder Schüler nur eine Teilmenge aller Aufgaben eines Tests bearbeiten muss und die Leistungen aller Schüler dennoch auf einer gemeinsamen Skala ausgedrückt werden können (*Matrix-Design*). Auch für die Interpretation der Testwerte ist die Darstellung von Schülerfähigkeiten und Aufgabenschwierigkeiten auf einer gemeinsamen Skala vorteilhaft (z.B. Wilson, 2003).

1.2 Verfahren zur Schätzung der Personenfähigkeit

Zur Schätzung der Personenfähigkeiten im Rahmen von IRT-Modellen stehen verschiedene Verfahren zur Verfügung. Mit *Maximum-Likelihood-Schätzern* (Maximum Likelihood Estimates; MLEs) werden diejenigen Werte als Fähigkeitsparameter ermittelt, die das beobachtete Lösungsmuster unter Berücksichtigung der bearbeiteten Items am wahrscheinlichsten machen. Derartige Schätzer stellen eine optimale Schätzung der Fähigkeit eines (einzelnen) Individuums dar. Da diese Schätzer jedoch mit einem auf individueller Ebene unvermeidlichen Messfehler behaftet sind, führen Analysen auf Basis von Maximum-Likelihood-Schätzern zu unkorrekten Schätzungen von Eigenschaften der untersuchten Population – so wird unter anderem die Streuung der Personenfähigkeiten überschätzt (Mislevy, Beaton, Kaplan & Sheehan, 1992). Ein gängiger Maximum-Likelihood-Schätzer der Personenfähigkeit ist „Warms Weighted Likelihood Estimate" (WLE; Warm, 1989), bei diesem Verfahren wird eine Korrektur der Streuung der Personenparameter angestrebt. WLEs bleiben dennoch, ebenso wie unkorrigierte MLEs, messfehlerbehaftet.

Ein weiteres, besonders in „Large Scale Assessments" eingesetztes Verfahren zur Schätzung von Personenfähigkeiten sind so genannte *plausible values* (PVs; Mislevy et al., 1992). Die Besonderheit dieses auf Methoden zur multiplen Imputation fehlender Werte aufbauenden Verfahrens (Rubin, 1987) ist, dass zusätzliche Informationen über die getesteten Personen (z.b. Geschlecht oder Schulform) in die Schätzung einbezogen werden können. Diese externen Variablen, die zusätzlich zur eigentlichen Testung erhoben werden, werden im Weiteren als *Hintergrundmodell* bezeichnet. Für die Bildung von PVs wird der Zusammenhang der Variablen im Hintergrundmodell mit der Personenfähigkeit auf latenter Ebene geschätzt. So wird zum Beispiel der Fähigkeitsunterschied zwischen Mädchen und Jungen ermittelt, bevor überhaupt individuelle Fähigkeiten von Schülerinnen und Schülern geschätzt werden.

Technisch gesprochen wird die zu messende Fähigkeit als latente Variable modelliert, die beantworteten Aufgaben stellen die beobachteten Indikatoren für diese latente Variable dar. Die Variablen im Hintergrundmodell werden in einer Regressionsanalyse als Prädiktoren zur Vorhersage der latenten Fähigkeit herangezogen, das heißt, es wird der Einfluss der Variablen auf die latente Fähigkeitsvariable geschätzt. Durch die Modellierung auf latenter Ebene erfolgt die Schätzung dieser Effekte der Variablen im Hintergrundmodell messfehlerbereinigt.

Bei der Schätzung der Fähigkeitsparameter für jede Person wird nun nicht ein einzelner Wert geschätzt. Es wird vielmehr zunächst für jede Person eine *Wahrscheinlichkeitsverteilung* der latenten Fähigkeitsvariablen unter Berücksichtigung der gelösten Aufgaben *und* der Variablen im Hintergrundmodell gebildet.

Mit dieser so genannten *A-Posteriori-Verteilung* wird geschätzt, in welchem Wertebereich die Fähigkeit einer bestimmten Person vermutlich liegt, wenn sie eine bestimmte Anzahl von Aufgaben gelöst hat und hinsichtlich des Hintergrundmodells bestimmte Eigenschaften hat. Je mehr Information im Hintergrundmodell enthalten ist, mit der sich Unterschiede in den gemessenen Fähigkeiten vorhersagen lassen, und je genauer (reliabler) die Messung der Fähigkeit durch den Test möglich ist, umso geringere Streuungen weisen diese A-Posteriori-Verteilungen für jede Person auf. Die Wahrscheinlichkeitsverteilungen für zwei Personen, die genau dieselben Aufgaben gelöst haben, können sich unterscheiden, wenn die Personen aus verschiedenen Gruppen stammen. Ist zum Beispiel im ersten Schritt ermittelt worden, dass Mädchen im Mittel eine höhere Fähigkeit aufweisen als Jungen, dann wird dies bei der Schätzung der Wahrscheinlichkeitsverteilungen für Jungen und Mädchen berücksichtigt. Die Wahrscheinlichkeitsverteilung für die Fähigkeit eines Mädchens wird dann bei einem höheren Wert liegen als die eines Jungen, der dieselben Aufgaben gelöst hat.

Die *plausible values* werden *zufällig* aus den für jede Person separat geschätzten Wahrscheinlichkeitsverteilungen des Fähigkeitsparameters gezogen. Hierbei werden *mehrere PVs* für jede Person gezogen (typischerweise fünf). Das Vorgehen bei der Generierung von PVs erscheint in zweifacher Hinsicht paradox. Zum ersten hängen die PVs für eine einzelne Person nicht nur von Ihren Testleistungen ab, sondern auch von externen Variablen, die in Zusammenhang mit der erfassten Fähigkeit stehen. Zum zweiten wird nicht ein nach irgendeinem Kriterium optimaler Wert für jedes Individuum ermittelt, sondern ein Zufallsfaktor in die Schätzung mit einbezogen. PVs sind jedoch keinesfalls als individuelle, „faire" oder „genaue" Schätzer für Personenfähigkeiten konzipiert. Das Ziel dieses Verfahrens ist vielmehr, Populationsmerkmale wie die Streuung von Fähigkeiten oder Gruppenunterschiede korrekt wiederzugeben. Tatsächlich reproduzieren PVs lediglich die im Zuge der latenten Regression geschätzten Populationsparameter wie Varianzen, Mittelwertsunterschiede und Regressionskoeffizienten. In der Praxis werden jedoch so viele Variablen in das Hintergrundmodell einbezogen, dass eine inhaltliche Interpretation der latenten Regression kaum mehr möglich ist. Stattdessen werden die generierten PVs verwendet, um mit Standardverfahren einzelne Analysen mit wenigen Prädiktoren durchzuführen. Ist das Hintergrundmodell vollständig und korrekt spezifiziert, erlauben PVs hierbei eine messfehlerbereinigte Schätzung von Gruppenstatistiken oder Zusammenhängen. Jede Analyse muss jedoch mehrmals mit jedem Satz von PVs durchgeführt werden, zum Beispiel also fünf Mal, wenn je Person fünf PVs gezogen wurden. Die Unterschiede zwischen den Ergebnissen der einzelnen Analysen werden zur Schätzung des Einflusses des Messfehlers herangezogen und müssen bei der Berechnung von Standardfehlern berücksichtigt werden.

1.3 Modellierung globaler Veränderungen in der IRT

Die Lösungswahrscheinlichkeiten von Testaufgaben werden im Rasch-Modell erstens auf personenspezifische Parameter und zweitens auf itemspezifische Parameter zurückgeführt. Um globale Veränderungen (d.h. die Veränderung ganzer Populationen oder Teilpopulationen wie z.b. aller Mädchen oder aller Realschüler) über mehrere Messzeitpunkte hinweg abzubilden, muss dieses Modell erweitert werden. Während die Datenstruktur von Testdaten einer einmaligen Messung als zweidimensional betrachtet werden kann (Personen × Items), resultiert aus einem Messwiederholungsdesign eine dreidimensionale Datenstruktur (Personen × Items × Messzeitpunkte) (Rost, 2004). Zur Veranschaulichung ist dies in Abbildung 1 dargestellt.

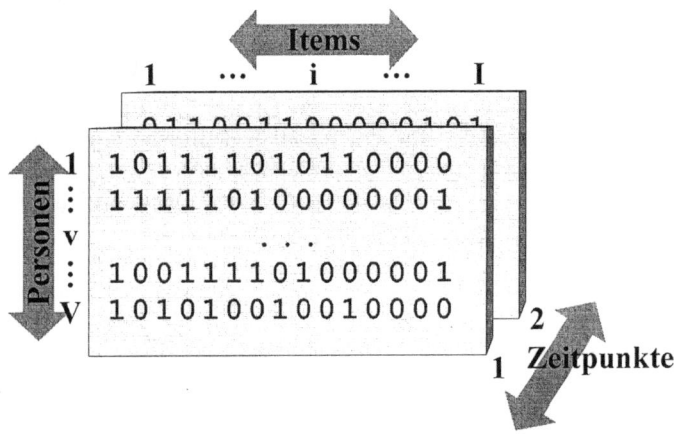

Abbildung 1: Veranschaulichung von Daten aus zwei Messzeitpunkten als dreidimensionale Struktur (Personen × Items × Zeitpunkte)

Um globale Veränderungen einer gesamten Stichprobe zwischen mehreren Zeitpunkten zu schätzen, werden zusätzliche Parameter für die zusätzlichen Messzeitpunkte eingeführt. Die Lösungswahrscheinlichkeit einer Aufgabe ist dann eine Funktion der Personenfähigkeit, der Aufgabenschwierigkeit und des Zeitpunktes, zu dem die Aufgabe bearbeitet wurde. Als Erweiterung dieses Vorgehens können auch Gruppenvariablen hinzugenommen werden, zum Beispiel Geschlecht oder Schulform. Veränderungen können dann gruppenspezifisch geschätzt werden; so kann der Leistungszuwachs von einem Zeitpunkt zum nächsten für Mädchen ein anderer sein als für Jungen. Derartige Modelle können über

Spezialfälle des „Linear-Logistischen-Testmodells" (LLTM) umgesetzt werden, in dem die Schwierigkeit jedes Items als eine Kombination von Basisparametern modelliert wird (Fischer, 1995; Ponocny, 2002). Die Items zu jedem zusätzlichen Zeitpunkt werden in diesen Modellen als neue Items betrachtet, deren Schwierigkeiten sich von den jeweils entsprechenden Items des ersten Zeitpunktes nur durch zeitpunkt- und gruppenspezifische Parameter unterscheiden. Auf Basis derartiger Modelle lassen sich für Messwiederholungsdesigns Parameter schätzen, die Veränderungen in der Personenfähigkeit oder in der Fähigkeit bestimmter Gruppen ausdrücken. Diese Parameter lassen sich analog zu Haupteffekten und Wechselwirkungen interpretieren, wie sie im Rahmen von varianzanalytischen Verfahren geschätzt werden.

1.4 Schätzung personenspezifischer Veränderungen

Schätzung mit virtuellen Personen

Die oben genannten Modelle zur Schätzung globaler oder gruppenspezifischer Veränderungen beinhalten weiterhin nur einen Fähigkeitsparameter für jede getestete Person. Alle interessierenden Variablen, die als Einflussfaktoren auf Veränderungen der Personenfähigkeit zwischen den Messzeitpunkten untersucht werden sollen, müssen als Gruppenvariablen von vornherein berücksichtigt werden. In den meisten Fällen ist bei einer längsschnittlichen Leistungsuntersuchung jedoch von Interesse, Veränderungen auf der Ebene einzelner Personen betrachten zu können, d.h. zum Beispiel für jede einzelne Schülerin eine separate Leistungsschätzung für jeden Messzeitpunkt zu erhalten. Mit diesen Leistungswerten kann dann mit geläufigen Analysemethoden außerhalb der IRT (z.B. Korrelations- oder Varianzanalysen) weitergearbeitet werden. Als Schätzwerte für Veränderungen einzelner getesteter Personen können Differenzwerte zwischen den separat geschätzten Leistungen einzelner Messzeitpunkte gebildet werden.

Ein hierfür häufig gewähltes Vorgehen ist es, die dreidimensionale Datenstruktur in eine zweidimensionale zu überführen. Die zeitpunktspezifischen Datenmatrizen werden dazu vertikal an die Datenmatrix des ersten Zeitpunktes angefügt. Hierdurch entstehen so genannte *virtuelle Personen*, d.h. die Messungen derselben Personen zu späteren Zeitpunkten werden behandelt, als ob es sich um zusätzliche Personen handeln würde, die dieselben Items bearbeitet haben. Dieses Vorgehen ist in Abbildung 2 veranschaulicht.

Nach der Bildung virtueller Personen wird der neue Datensatz analysiert, als stamme er von einer einzigen größeren Stichprobe, die dieselben Items zu einem Zeitpunkt bearbeitet hat.

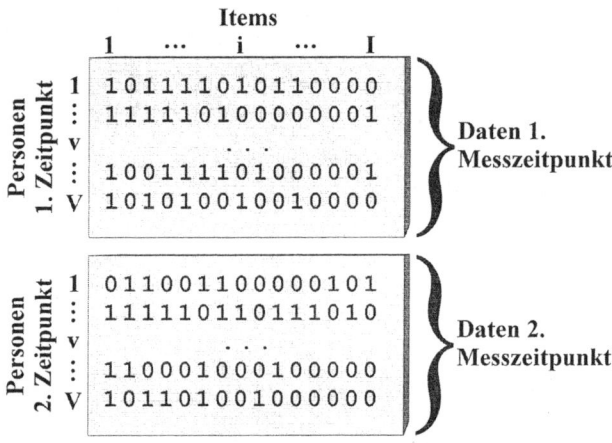

Abbildung 2: Veranschaulichung der Datenstruktur bei Bildung von virtuellen Personen mit Daten aus zwei Messzeitpunkten

Die Itemparameter werden so unter Berücksichtigung des Lösungsverhaltens aller Personen zu allen Messzeitpunkten geschätzt. Für jeden „Fall" im Datensatz wird ein separater Fähigkeitsparameter geschätzt, d.h. für jede Person werden so viele separate Schätzungen vorgenommen, wie Antworten aus verschiedenen Zeitpunkten vorliegen. Der Vorteil dieses Vorgehens ist, dass automatisch eine Gleichsetzung der Schwierigkeiten aller Items über die Zeitpunkte erfolgt. Die so ermittelten Personenparameter können als Werte auf derselben Skala interpretiert werden. Wird für eine Person zum zweiten Zeitpunkt zum Beispiel eine höhere Fähigkeit geschätzt als zum ersten, kann diese Differenz als Fähigkeitszuwachs zwischen den beiden Zeitpunkten interpretiert werden. Ein offensichtlicher Nachteil ist, dass Abhängigkeiten zwischen den Messwerten derselben Person unberücksichtigt bleiben. Die Skalierung mit virtuellen Personen behandelt die Daten so, als ob zwei unabhängige Personengruppen denselben Test zu nur einem Zeitpunkt bearbeiten würden. Um die geschätzten Personenfähigkeiten Messwiederholungsanalysen zu unterziehen, müssen sie wieder in die ursprüngliche Struktur überführt werden, in denen jede Person in einer Zeile, aber mit mehreren Fähigkeitswerten repräsentiert ist.

Schätzung mit mehrdimensionalen Modellen

Eine weitere Möglichkeit, um im Rahmen der IRT zu separaten Schätzungen der individuellen Personenfähigkeiten zu unterschiedlichen Zeitpunkten zu kommen, ist die Verwendung mehrdimensionaler Rasch-Modelle (z.B. Meiser, Stern & Langeheine, 1998). Hierbei wird angenommen, dass die Lösungswahrscheinlichkeiten zu jedem Zeitpunkt auf eine jeweils andere latente Fähigkeitsvariable zurückgehen. Das Modell enthält also für jeden Messzeitpunkt eine separate latente Dimension. Die Daten werden hierfür in der „natürlichen" Struktur der meisten Analyseverfahren für Messwiederholungen belassen: die Daten jeder Person stehen in einer Zeile, die Antworten auf die zu den unterschiedlichen Zeitpunkten bearbeiteten Items stehen hintereinander. Diese Struktur ist in Abbildung 3 veranschaulicht.

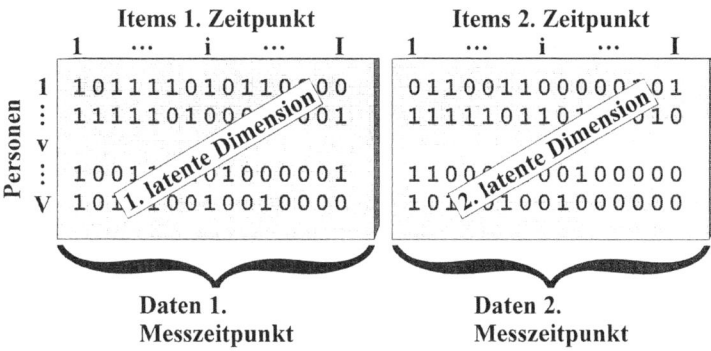

Abbildung 3: Veranschaulichung der Datenstruktur bei Auswertung von Daten aus zwei Messzeitpunkten als zwei latente Dimensionen

Damit die mehrdimensional geschätzten Fähigkeitsparameter als Werte auf einer gemeinsamen Skala interpretiert werden können, müssen die Itemschwierigkeiten zwischen den Zeitpunkten gleichgesetzt werden. Es wird also durch Restriktionen im Modell festgelegt, dass der Schwierigkeitsparameter für jedes einzelne Item zu jedem Zeitpunkt jeweils denselben Wert annimmt. Die Zusammenhänge zwischen den Fähigkeitsdimensionen und den einzelnen Zeitpunkten werden im Rahmen eines mehrdimensionalen Modells frei geschätzt.

2. Fragestellung der vorliegenden Untersuchung

Die Schätzung der Personenfähigkeiten mit Maximum-Likelihood-Schätzern (z.B. WLEs) führt bei virtuellen Personen und mehrdimensionalen Modellen zu praktisch identischen Ergebnissen. Die Fähigkeitsparameter sind lediglich von den gelösten Aufgaben und den Itemschwierigkeiten abhängig, die Datenstruktur spielt keine Rolle. Anders verhält sich dies bei *plausible values*. Hier werden im Falle virtueller Personen Abhängigkeiten zwischen Messzeitpunkten nicht berücksichtigt. Bei einer mehrdimensionalen Skalierung machen die Zusammenhänge zwischen den Fähigkeiten zu den einzelnen Zeitpunkten hingegen einen Teil des Hintergrundmodells aus, werden also berücksichtigt.

In der vorliegenden Untersuchung sollen verschiedene Verfahren zur Schätzung von Personenfähigkeiten in Messwiederholungsdesigns anhand einer Simulationsstudie verglichen werden. Auf Basis eines einfachen künstlich erzeugten Datensatzes mit bekannten wahren Personenfähigkeiten werden rasch-konforme Antworten auf einen fiktiven Test erzeugt. Die Personenfähigkeiten werden aus diesen Antworten dann wieder geschätzt. Die verschiedenen Schätzverfahren können auf diese Weise dahingehend verglichen werden, wie gut die ursprünglich zugrunde liegenden Fähigkeitswerte reproduziert werden können. Von besonderem Interesse ist hierbei, wie gut sich Veränderungen zwischen Messzeitpunkten mit den verschiedenen Methoden schätzen lassen.

Die simulierten Daten werden zum einen mit einer Skalierung mit virtuellen Personen ausgewertet, zum anderen mit einem mehrdimensionalen Modell. Aus beiden Skalierungen werden PVs generiert. Zusätzlich zu den beiden Methoden zur Schätzung von PVs werden die Personenfähigkeiten mit WLEs geschätzt, diese sind unabhängig von der Datenstruktur bei der Auswertung. Es werden also insgesamt drei Methoden zur Schätzung der Personenfähigkeiten miteinander verglichen: WLEs, PVs aus einer Skalierung mit virtuellen Personen und PVs aus einer mehrdimensionalen Skalierung.

3. Design der Simulationsstudie und Datengenerierung

Der Simulationsstudie liegt ein einziger Satz von wahren Fähigkeitswerten zugrunde. Im Folgenden werden die in diesem Datensatz enthaltenen Fälle und Variablen der Anschaulichkeit halber mit inhaltlichen Labels versehen, die selbstverständlich willkürlich und austauschbar sind. Der Datensatz enthält Daten von 1000 „Schülern", die zu zwei Zeitpunkten einen „Leistungstest" beantwortet haben. Die Leistung der Schüler zum ersten Messzeitpunkt ist standardnormal verteilt. Ungefähr die Hälfte der Fälle sind „Mädchen", die andere „Jungen", und die mittleren Fähigkeiten der beiden „Geschlechter" unterscheiden sich zum ersten Messzeitpunkt nicht. Zwischen beiden Zeitpunkten findet ein deutlicher Leistungsanstieg statt, der bei den Mädchen noch stärker ausfällt als bei den Jungen – d.h. es liegt eine Wechselwirkung zwischen Geschlecht und Messzeitpunkt vor. Die Fähigkeiten zu beiden Messzeitpunkten sind hoch miteinander korreliert. Zusätzlich korreliert der Fähigkeitsanstieg zwischen den beiden Zeitpunkten positiv mit dem Ausgangswert zum ersten Zeitpunkt; für Schülerinnen und Schüler mit hohen Fähigkeiten zum ersten Zeitpunkt findet also zwischen den Zeitpunkten ein höherer Fähigkeitsanstieg statt als für schwächere Schülerinnen und Schüler. Die Mittelwerte der simulierten Fähigkeitswerte sind in Abbildung 4 veranschaulicht, zusätzlich sind die Korrelationen der Fähigkeitswerte zu beiden Messzeitpunkten, der Differenz zwischen beiden Zeitpunkten und dem Geschlecht (weiblich = positiv) in Tabelle 1 aufgelistet.

Tabelle 1: Interkorrelationen der wahren Fähigkeitswerte im simulierten Datensatz

Variable	(1)	(2)	(3)
(1) Fähigkeit Messzeitpunkt 1	1.00		
(2) Fähigkeit Messzeitpunkt 2	.92	1.00	
(3) Differenz zwischen beiden Zeitpunkten	.37	.71	1.00
(4) Geschlecht (weiblich = positiv)	-.01	.10	.25

Wie in Abbildung 4 (nächste Seite) ersichtlich sind die simulierten Daten durch einen hohen Zusammenhang zwischen beiden Messzeitpunkten, einen starken Leistungsanstieg zwischen den Zeitpunkten, eine moderate Wechselwirkung zwischen Geschlecht und Zeitpunkt sowie einen moderaten positiven Zusammenhang zwischen Ausgangswert und Zuwachs zwischen den Zeitpunkten gekennzeichnet.

Auf Basis der simulierten wahren Werte wurden 50 Sätze von Antworten generiert. Für jeden Fall wurden auf Basis des dichotomen Raschmodells Antworten auf 30 Items zu zwei Zeitpunkten generiert. Die simulierte „Itemvorgabe" erfolgt in einem Matrix-Design: Von 30 Items „beantwortet" jede Person zum ersten Zeitpunkt 15 Items und zum zweiten Zeitpunkt die jeweils andere Hälfte, dabei wird jedes Item sowohl zum ersten als auch zum zweiten Zeitpunkt eingesetzt.

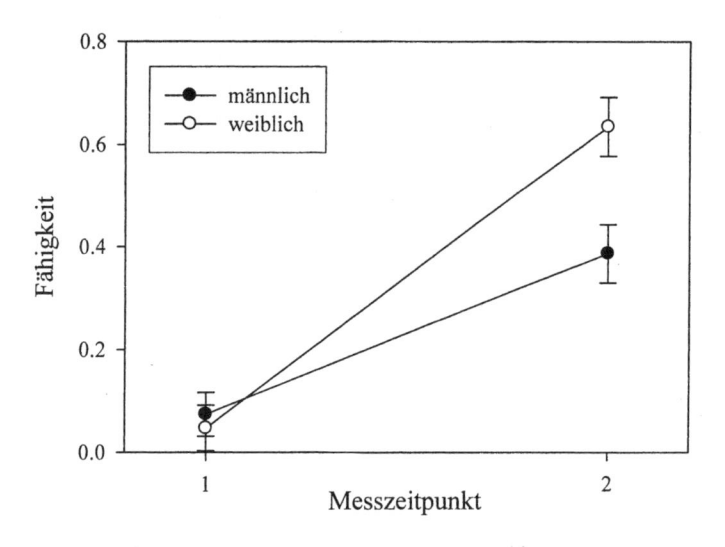

Abbildung 4: Wahre mittlere Fähigkeitswerte (+/- einen Standardfehler) für „Mädchen" und „Jungen" zu beiden Messzeitpunkten im simulierten Datensatz (N = 1000)

4. Datenauswertung und Ergebnisse

Die simulierten Antworten wurden mit zwei Modellen skaliert, die Auswertung erfolgte in beiden Fällen mit ConQuest (Wu, Adams & Wilson, 1998).

Zum einen erfolgte eine Umstrukturierung der Daten zu einem Datensatz mit $N = 2000$ virtuellen Personen. Hierbei wurden das Geschlecht und der Messzeitpunkt ins Hintergrundmodell aufgenommen. Der Messzeitpunkt wird bei der Skalierung mit virtuellen Personen zu einer Gruppenvariablen im Hintergrundmodell, wobei die ersten 1000 Fälle der „ersten Gruppe" und die zweite Hälfte der Fälle (die 1000 virtuellen Personen) der „zweiten Gruppe" zugeordnet werden. Zum zweiten wurden die simulierten Fälle mit einem zweidimensionalen Modell skaliert, wobei die 30 Items zum ersten Messzeitpunkt die erste und die 30 Items zum zweiten Messzeitpunkt die zweite latente Dimension indizieren. Die Itemschwierigkeiten der jeweils entsprechenden Items zu beiden Zeitpunkten wurden gleichgesetzt, das Geschlecht wurde als weitere Gruppenvariable ins Hintergrundmodell aufgenommen.

Jeder der 50 simulierten Antwortsätze wurde mit den beiden genannten Modellen, d.h. einmal eindimensional mit virtuellen Personen und einmal zweidimensional analysiert. In diesen Analysen wurden die Personenfähigkeiten zum einen durch WLEs und zum anderen durch PVs geschätzt. Da sich die WLEs nicht in Abhängigkeit von der Datenstruktur (ein- oder zweidimensional) unterscheiden, resultieren für jeden der 50 Antwortdatensätze jeweils drei Sätze von Schätzern der Personenfähigkeiten zu beiden Zeitpunkten: (1) WLEs, (2) PVs auf Basis von virtuellen Personen und (3) PVs aus dem zweidimensionalen Modell. Die drei verschiedenen Personenparameter wurden nach folgenden Kriterien miteinander verglichen: Die Zusammenhänge der geschätzten mit den wahren Fähigkeitswerten (Reliabilität), die Effektstärken des Messwiederholungsfaktors und des Geschlechts in der varianzanalytischen Auswertung sowie die Korrelationen der Fähigkeitswerte zu beiden Messzeitpunkten und der Differenz der Fähigkeiten zwischen beiden Zeitpunkten.

4.1 Reliabilitäten der geschätzten Werte

Um eine Einschätzung der Reliabilität in Abhängigkeit von der verwendeten Schätzmethode für die Fähigkeitswerte zu erhalten, wurden die geschätzten Werte mit den wahren, der Simulation zugrunde liegenden Werten in Zusammenhang gesetzt. Die Korrelationen zwischen den wahren und den geschätzten Werten zeigen, wie genau die wahren individuellen Werte durch die simulierte Messung und die darauf aufbauende Schätzung wiedergegeben werden können. Die für die verschiedenen Schätzverfahren resultierenden Zusammenhänge sind in Tabelle 2 wiedergegeben, hierfür wurden die Korrelationen über alle 50 simulierten Messungen und über die jeweils fünf PVs gemittelt[1], vgl. Tab. 2).

Wie ersichtlich, stellen WLEs die genauesten Schätzer für die individuellen Fähigkeitswerte dar; die Zusammenhänge zwischen den wahren Werten und den in verschiedenen Modellen generierten PVs fallen niedriger aus. Weiterhin wird die geringere Reliabilität der Differenzwerte anschaulich, die für alle drei Schätzmethoden deutlich niedriger ausfällt als für die Messungen der Fähigkeit zu den beiden einzelnen Zeitpunkten.

---

[1] Zur Berechnung der mittleren Korrelationskoeffizienten wurden die Korrelationen hier wie auch bei folgenden Analysen zunächst Fisher-Z-transformiert und dann gemittelt, anschließend wurden die gemittelten Z-Werte in Korrelationskoeffizienten zurücktransformiert (vgl. z.B. Bortz, 2005).

Tabelle 2: Mittlere Korrelationen der geschätzten Fähigkeitswerte mit den wahren Fähigkeitswerten in Abhängigkeit von der Schätzmethode

Geschätzte Fähigkeitswerte	Wahre Fähigkeitswerte		
	1. Zeitp.	2. Zeitp.	Differenz
WLEs	0.84	0.89	0.50
PVs, virtuelle Personen	0.72	0.79	0.35
PVs, 2-dimensional	0.81	0.84	0.44

4.2 Effektstärken und Interkorrelationen der geschätzten Fähigkeitswerte

Plausible values sind vor allem dafür konzipiert, Zusammenhänge zwischen externen Variablen und den gemessenen Fähigkeitsvariablen korrekt wiederzugeben. Insofern ist es das entscheidende Prüfkriterium für diese Methode, ob die in Abbildung 4 und Tabelle 1 dargestellten Effekte in den simulierten wahren Werten durch die geschätzten Fähigkeitswerte wiedergegeben werden. Zum Vergleich der Ergebnisse, die mit unterschiedlichen Fähigkeitsschätzern resultieren, wurden zunächst Varianzanalysen mit den Faktoren Messzeitpunkt und Geschlecht gerechnet. Die resultierenden Effektstärken wurden für jede Schätzmethode über alle 50 simulierten Messungen und über die jeweils fünf PVs gemittelt, die Ergebnisse sind in Tabelle 3 den Ergebnissen für die wahren Werte gegenübergestellt.

Tabelle 3: Effektstärken (η^2) für die wahren Fähigkeitswerte und mittlere Effektstärken für die mit unterschiedlichen Methoden geschätzten Fähigkeiten in der Simulationsstudie

Effekt	wahre Werte	WLEs	PVs v. P.	PVs., 2D
Zeit	.416	.155	.136	.357
Geschlecht	.003	.003	.004	.003
Zeit x Geschlecht	.063	.019	.011	.053

Anmerkung: v. P. = virtuelle Personen; 2D = zweidimensionale Skalierung

Es wird ersichtlich, dass die Effekte mit Beteiligung des Messzeitpunktes sowohl mit WLEs als auch mit PVs auf Basis von virtuellen Personen massiv unterschätzt werden. Während der Zuwachs zwischen dem ersten und zweiten Zeitpunkt in den simulierten wahren Werten zum Beispiel über 40% Varianz erklärt, wird dieser Effekt mit WLEs und PVs auf Basis von virtuellen Personen auf deutlich unter 20% geschätzt. Auch mit den PVs auf Basis einer zweidimensionalen Skalierung werden die wahren Effekte etwas unterschätzt, jedoch bei weitem nicht in dem Umfang wie mit den beiden anderen Methoden. Zusätzlich wurden für die geschätzten Werte die Korrelationen zwischen den Fähigkeiten zu beiden Zeitpunkten, die Korrelation zwischen der Fähigkeit zum ersten Zeitpunkt und dem Fähigkeitszuwachs sowie die Korrelation zwischen dem Zuwachs und dem Geschlecht berechnet. Auch hier wurden die Ergebnisse für jede Schätzmethode über alle 50 simulierten Messungen und über die jeweils fünf PVs gemittelt und den wahren Werten gegenübergestellt (vgl. Tabelle 4).

Tabelle 4: Interkorrelationen der Fähigkeitswerte für die wahren Werte und für die mit unterschiedlichen Methoden geschätzten Werte in der Simulationsstudie

Zusammenhang	wahre Werte	WLEs	PVs v. P.	PVs. 2D
Zeitp. 1 – Zeitp. 2	.92	.68	.52	.88
Zeitp. 1 – Zuwachs	.37	-.19	-.39	.21
Zuwachs – Geschlecht	.25	.13	.10	.23

Anm.: v. P. = virtuelle Personen; 2D = zweidimensionale Skalierung; Geschlecht weiblich = positiv

Die Korrelationen zwischen den geschätzten Fähigkeitswerten zeigen, dass der Zusammenhang zwischen den beiden Zeitpunkten mit WLEs und PVs auf Basis von virtuellen Personen unterschätzt wird, bei letzterer Methode noch deutlicher als bei ersterer. Während dieser Effekt im Falle der WLEs auf den Einfluss von Messfehlern zurückzuführen ist, kommt bei den PVs auf Basis virtueller Personen zudem der Effekt des falsch spezifizierten Modells zum Tragen: Die Fähigkeiten derselben Personen werden bei der Skalierung mit virtuellen Personen als unabhängig voneinander behandelt und unabhängig voneinander aus den jeweiligen A-Posteriori-Verteilungen gezogen.

Sowohl für WLEs als auch für die PVs auf Basis virtueller Personen finden sich negative Zusammenhänge zwischen der Fähigkeit zum ersten Zeitpunkt und dem Fähigkeitszuwachs, obwohl hier in den zugrunde liegenden wahren Werten ein positiver Zusammenhang vorliegt. Der durch Unreliabilität der Messungen zustande kommende negative Zusammenhang zwischen Ausgangs- und Zuwachswerten ist ein bekanntes generelles Problem in der Veränderungsmessung. Die unterschätzte Korrelation zwischen dem Fähigkeitszuwachs und dem Geschlecht illustriert aufs Neue die bereits anhand der Effektstärken in Tabelle 3 aufgezeigte deutliche Unterschätzung der Wechselwirkung zwischen Zeitpunkt und Geschlecht.

Für die PVs auf Basis einer zweidimensionalen Skalierung zeigt sich wie bei den Effektstärken in Tabelle 3 eine leichte Unterschätzung der wahren Zusammenhänge. Vor allem die Korrelation zwischen Fähigkeit zum ersten Zeitpunkt und dem Fähigkeitszuwachs liegt deutlich unter dem wahren Zusammenhang, zumindest findet sich hier aber eine positive Korrelation. Die Zusammenhänge zwischen den Fähigkeiten zu beiden Zeitpunkten und zwischen dem Geschlecht und dem Fähigkeitszuwachs liegen sehr nah an den wahren Zusammenhängen. Im Vergleich zu den anderen Methoden liegen die Korrelationskoeffizienten für die PVs auf Basis einer zweidimensionalen Skalierung also deutlich näher an den wahren Zusammenhängen.

5. Zusammenfassung und Schlussfolgerungen

Die Ergebnisse der durchgeführten Simulationsstudie unterstreichen zum einen, dass *plausible values* keine geeigneten Schätzer für individuelle Leistungen darstellen. Wie in Tabelle 2 ersichtlich ist, liefern WLEs die reliabelsten individuellen Schätzwerte. Steht eine Schätzung individueller Fähigkeiten im Mittelpunkt des Interesses, so sollten – auch in einem Längsschnittdesign – keinesfalls PVs verwendet werden. Auf die Verwendung von PVs sollte vornehmlich dann zurückgegriffen werden, wenn die Effekte von externen Variablen in einer Population von Interesse sind.

Des Weiteren veranschaulichen die Ergebnisse, dass die eindimensionale Skalierung mit virtuellen Personen ein fehlspezifiziertes Hintergrundmodell darstellt und PVs in diesem Fall eine verzerrte Schätzung von Veränderungen liefern. Durch die ausschließliche Einbeziehung des Messzeitpunktes als Gruppenvariable ins Hintergrundmodell werden die Daten nicht wie echte Längsschnittdaten behandelt. Stattdessen tut man so, als seien die Testaufgaben von zwei unabhängigen Gruppen zu nur einem Messzeitpunkt bearbeitet worden. Dadurch wird jedoch die Abhängigkeit der Fähigkeitsparameter zu den beiden Messzeitpunkten ignoriert. Dies bedeutet, dass bei der Bildung der Differenzwerte zur Bestimmung des Leistungszuwachses von Messzeitpunkt 1 zu Messzeitpunkt 2 auch jeweils zwei unabhängige Zufallsfaktoren aus der Ziehung der beiden PVs zum Tragen kommen. Dies führt zu artifiziellen negativen Korrelationen zwischen den geschätzten Fähigkeitswerten für Zeitpunkt 1 mit dem Zuwachs. Dieser artifizielle negative Zusammenhang ist noch ausgeprägter als der durch Messfehler verursachte bei Schätzung der Fähigkeiten durch WLEs (vgl. Tab. 4).

Bei der zweidimensionalen Skalierung werden hingegen für jede Person zwei Fähigkeitsparameter simultan geschätzt. Durch die mehrdimensionale Skalierung erhält man eine multivariate (bei zwei Zeitpunkten bivariate)

A-Posteriori-Verteilung. Die Ziehung der *plausible values* zur Schätzung der Personenfähigkeit erfolgt nun nicht für jeden Messzeitpunkt separat, sondern als Ziehung eines Vektors aus der multivariaten Verteilung (Wu, Adams & Wilson, 1998). Durch dieses Vorgehen erhält man Schätzungen der Personenfähigkeiten, die zum einen messfehlerbereinigte Zusammenhänge mit den Variablen im Hintergrundmodell und zugleich die Abhängigkeit der Messungen wiedergeben. Bildet man die Differenz der beiden zeitpunktspezifischen Personenparameter, so erhält man die hinsichtlich der Messwiederholungseffekte besten Schätzer für den Leistungszuwachs. Bei der Bildung der Differenzen zwischen den PVs ist zu beachten, dass jeweils die Differenzen zwischen simultan gezogenen PVs gebildet werden – d.h. jeweils zwischen dem ersten PV für Zeitpunkt 1 und Zeitpunkt 2, dann dem zweiten für beide Zeitpunkte und so fort. PVs aus einer mehrdimensionalen Skalierung liefern die besten Schätzungen für den Zusammenhang zwischen den Messzeitpunkten und den Zusammenhang zwischen Ausgangswert und Veränderungen. Zudem werden so die Zusammenhänge von externen Variablen und Veränderungen in der Fähigkeit am besten wiedergegeben. Dies ist insbesondere dann wichtig, wenn – wie in DESI – die Erklärung differenzieller Veränderungen von Interesse ist. Zusammenfassend lässt sich festhalten, dass die Differenzen zwischen *plausible values* aus mehrdimensionalen Modellen bei der Schätzung von Effekten in der Population die gleichen vorteilhaften Eigenschaften haben wie *plausible values* selbst.

Aufgrund der klaren Ergebnislage in der hier vorgestellten Simulationsstudie werden auch für die Messwiederholungsdaten in DESI PVs aus mehrdimensionalen Skalierungen generiert. Hierbei wird zur Schätzung der Itemparameter zunächst eine eindimensionale Skalierung mit virtuellen Personen vorgenommen. Zur Schätzung der PVs wird dann in einem zweiten Schritt zweidimensional skaliert, wobei hierbei die Schwierigkeiten der Items zu beiden Zeitpunkten fixiert werden. Die entsprechenden Schwierigkeitsparameter werden aus der Skalierung mit virtuellen Personen übernommen. Dieses Vorgehen führt zu denselben Ergebnissen wie das in der Simulationsstudie angewandte (zweidimensionale Skalierung mit gleich gesetzten Itemparametern), ist in ConQuest jedoch technisch leichter umzusetzen. Für den endgültigen DESI-Datensatz werden zusätzlich zu den jeweils fünf PVs für jeden Test und Messzeitpunkt auch „Veränderungs-PVs" gebildet, die zum Beispiel bei der Untersuchung von Unterrichtseffekten als abhängige Variablen verwendet werden können.

Literatur

Alwin, D. F. (1994). Aging, Personality, and Social Change: The Stability of Individual Differences Over the Adult Life Span. In D. L. Featherman, R. M. Lerner & M. Perlmutter (Eds.), *Life-Span Development and Behaviour*, Vol. 12 (pp. 135-185). Hillsdale, NJ: Lawrence Erlbaum.

Beck, B. & Klieme, E. (2003). DESI – Eine Large Scale-Studie zur Untersuchung des Sprachunterrichts in deutschen Schulen. *Zeitschrift für empirische Pädagogik, 17*, 380-395.

Bortz, J. (2005). *Statistik für Human- und Sozialwissenschaftler*. 4., vollst. überarb. Auflage. Berlin: Springer.

Costa, P. T. & McCrae, R. R. (1980). Still stable after all these years: Personality as a key to some issues in adulthood and old age. In P. Baltes & O. Brim (Eds.), *Life-span development and behaviour*, Vol. 3 (pp. 65-102). New York: Academic Press.

Fischer, G. H. (1995): Linear logistic models for change. In: G. H. Fischer & I. W. Molenaar (Eds.), *Rasch models. Foundations, recent developments, and applications* (pp. 157-180). New York: Springer.

Fischer, G. H. & Molenaar, I. W. (Eds.) (1995). *Rasch models – Foundations, recent developments, and applications*. New York: Springer.

Kagan, J. (1980). Perspectives on continuity. In O. Brim & J. Kagan (Eds.), *Constancy and change in human development* (pp. 26-74). Cambridge, MA: Havard University Press.

Meiser, T., Stern, E. & Langeheine, R. (1998). Latent Change in Discrete Data: Unidimensional, Multidimensional, and Mixture Distribution Rasch Models for the Analysis of Repeated Observations. *Methods of Psychological Research Online 3, 2*, 75-93.

Mislevy, R. J., Beaton, A. E., Kaplan, B. & Sheehan, K. M. (1992). Estimating population characteristics from sparse matrix samples of responses. *Journal of Educational Measurement, 29*, 2, 133-161.

Ponocny, I. (2002). On the Applicability of Some IRT-Models for Repeated Measurment Designs: Conditions, Consequences, and Goodness-of-Fit Tests. *Methods of Psychological Research Online 7, 1*, 21-44.

Rost, J. (2004). *Lehrbuch Testkonstruktion Testtheorie (2. Aufl.)*. Bern: Huber.

Rubin, D. (1987). *Multiple Imputation for Nonresponse in Surveys*. New York: John Wiley and Sons.

van der Linden, W. & Hambleton, R. (Eds.) (1997). *Handbook of modern item response theory*. New York: Springer.

Warm, T. A. (1989). Weighted likelihood estimation of ability in item response theory. *Psychometrika, 54*, 427-450.

Wu, M., Adams, R. & Wilson, M. (1998). *ACER ConQuest. Generalised Item Response Modelling Software*. Melbourne: Acer Press.

Wilson, M. (2003). On Choosing A Model for Measuring. *Methods of Psychological Research Online 8, 3*, 1-22.

Wohlwill, J. F. (1973). *The study of behavioural development*. New York: Academic Press.

Potentiale der Zeitreihenanalyse in der Pädagogischen Psychologie

Potential of Time Series Analysis in Educational Psychology

Bernhard Schmitz und Franziska Perels

Zusammenfassung: In diesem Beitrag werden die Möglichkeiten zeitreihenanalytischer Verfahren anhand einer Anzahl pädagogisch-psychologischer Fragestellungen beschrieben. Dazu werden zunächst Beispiele aus der Pädagogischen Psychologie vorgestellt, bei denen die Zeitdimension und somit prozessanalytische Auswertungsmethoden von Bedeutung sind. In diesem Zusammenhang wird auf die Möglichkeit der Untersuchung dynamischer Zusammenhänge bzw. Interaktionen eingegangen und die Vorteile dieses Vorgehens im Vergleich zu querschnittlichen Korrelationsanalysen dargelegt. Ein weiteres mögliches Anwendungsgebiet zeitreihenanalytischer Analysen bezieht sich auf die Untersuchung der Wirkung von Interventionen. Mit Hilfe eines Beispiels aus einem Lernstrategietraining wird das Vorgehen der Interventionsanalyse erläutert. Zeitreihenanalytische Verfahren können sowohl auf Ebene des Individuums als auch auf Aggregatebene durchgeführt werden. Anhand von zwei ausführlich beschriebenen Theoremen und einem kurz dargestelltem Theorem wird auf die Problematik der Arbeit mit aggregierten Daten eingegangen und die Vorteile der Prozessanalyse in diesem Zusammenhang erläutert.

Abstract: In this article the potentials of time series analyses are described by means of a number of questions from Educational Psychology. For this purpose at first examples are presented which time dimension and thus time series method is relevant. In this context the possibility of analyses of dynamic relations and interactions is specified and the advantages of this method in comparison to cross-section correlation-analyses are shown. Another possible application for time series analysis refers to the examination of interventions and their effects. By means of an example from a learning strategy training the procedure of intervention analyses is explained. Time series methods may be used on the level of an individual as well as on the aggregate level. On the basis of two detailed descripted theorems and one short presented theorem the problems of working with aggregated data are discussed and the advantages of time series analyses are exemplified.

1. Einleitung

Betrachtet man die Designs, die zur Untersuchung pädagogisch-psychologischer Fragestellungen eingesetzt werden, so zeigt sich, dass in erster Linie Untersuchungen durchgeführt werden, die sich mit einem Messzeitpunkt erheben lassen. So lassen sich häufig Querschnittsanalysen finden, bei denen es um die Untersuchung von Traits geht. Seltener kommen Längsschnittstudien zum Einsatz. Nach einer Analyse der „FORIS"-Daten von 1990 beträgt der Anteil der Längsschnittstudien in der Bildungsforschung nur sechs Prozent (Weishaupt, Steinert, Baumert, Mitter & Roeder, 1990), obwohl gerade den Längsschnittstudien eine große Aussagekraft beigemessen wird. Mögliche Gründe für die Vernachlässigung der Zeitdimension in einer großen Anzahl von Studien in der Pädagogischen Psychologie werden bei Schmitz (1992) dargestellt. Werden in seltenen Fällen Längsschnittstudien durchgeführt, so basieren diese häufig nur auf einer Datenbasis von zwei bzw. drei Messzeitpunkten, wie es zum Beispiel bei Trainingsevaluationen üblich ist. Im folgenden Beitrag soll nun auf die Möglichkeit von Studien mit sehr vielen Messzeitpunkten (Zeitreihendesigns) eingegangen werden.

Was versteht man unter einer Zeitreihe? Allgemein kann eine Zeitreihe beschrieben werden als eine zeitliche Folge von Erhebungen von ein- oder mehrdimensionalen Zuständen zu aufeinander folgenden Zeitpunkten (Schmitz, 1987, 1989). Zeitreihenanalytische Studien haben eine Anzahl von Vorteilen im Vergleich zu den üblichen Zweipunktmessungen. So ermöglicht eine genügend genaue Messung von Verläufen, nicht nur Änderungen (z.B. Zu- oder Abnahmen) festzustellen, sondern auch die Testung von Annahmen über die *Form* des Verlaufs. Weiterhin ist es mit Hilfe von zeitreihenanalytischen Verfahren neben einem nomothetischen Ansatz auch möglich, idiographische Analysen durchzuführen, indem auch für Einzelfälle statistische Absicherungen erfolgen können. Diese beiden Ansätze können bei einer Zeitreihenanalyse auch insofern kombiniert werden, als die Zeitreihenanalyse nicht auf Einzelfälle oder Aggregatanalysen beschränkt ist, sondern auch eine Verknüpfung von Einzelfall und Querschnitt ermöglicht.

Im Folgenden soll auf diese Vorteile der Prozessforschung eingegangen werden. Dazu werden einige empirische und Demonstrationsbeispiele dargestellt. Wir gehen dabei im ersten Abschnitt auf die Möglichkeit der Deskription von Prozessen durch zeitreihenanalytische Methoden ein und werden hierzu einige Beispiele von Prozessen aus verschiedenen Bereichen der Pädagogischen Psychologie vorstellen. Darauf folgt die Darstellung der Untersuchung dynamischer Zusammenhänge und Interaktionen. Im dritten Abschnitt gehen wir dann auf die Interventionsanalyse ein, die es erlaubt, Aussagen über die Art der Wirkung einer Intervention zu treffen und stellen ein Beispiel für Interventionsanalyse im schulischen Kontext vor. Im letzten Abschnitt dieses Beitrags wird die Möglichkeit von idiographischen Analysen zeitreihenanalytischer Verfahren dargestellt und in Beziehung zu Analysen auf Aggregatebene gesetzt.

2. Beispiele für Prozesse: Deskription

Bei vielen psychologischen Phänomenen ist die Betrachtung der Zeitdimension von Bedeutung. So wurde bereits bei einer Untersuchung basierend auf Ebbinghaus die Erinnerungsfähigkeit von unterschiedlichem Lernmaterial unter Einbezug der Zeitdimension untersucht. Abbildung 1 (nach Guilford, 1952; entnommen aus Gage & Berliner, 1996) zeigt den Prozentsatz der erinnerten Informationen über die Zeit für verschiedene schriftliche Textarten (Prosa/Belletristik, Lyrik, Sachtexte, Nonsenstexte). Es wird deutlich, wie unterschiedlich die Erinnerungsfähigkeit an verschiedenes Lernmaterial über einen gewissen Zeitraum hinweg ist. Während sinnlose Texte/Wörter sehr schnell, oft innerhalb von Minuten nicht mehr erinnert werden können, bleibt die Erinnerungsfähigkeit von Prosa oder Sachtexten länger erhalten, auch wenn dort ebenfalls ein deutlicher Rückgang der Erinnerungsfähigkeit zu erkennen ist. Dies ist ein Beispiel dafür, dass Lernen bzw. Vergessen sinnvollerweise als Prozess analysiert werden sollte.

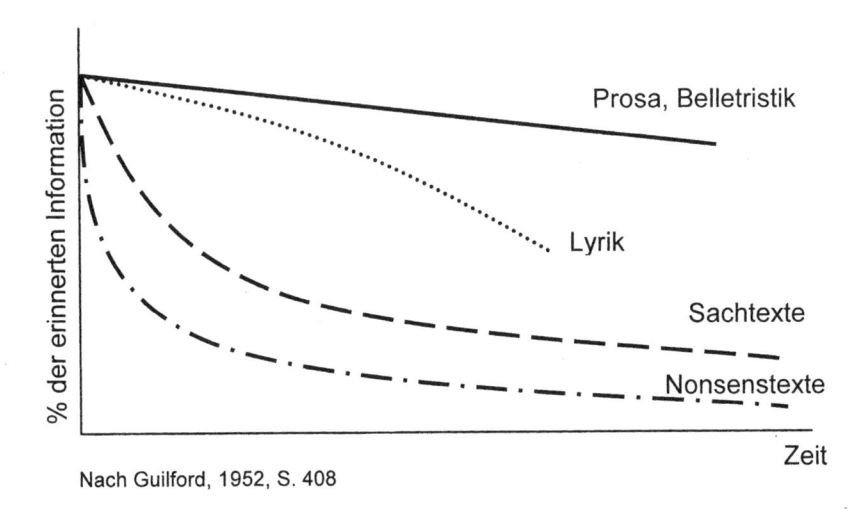

Abbildung 1: Schematische Darstellung der unterschiedlichen Erinnerungsfähigkeit von verschiedenem Lernmaterial (aus Gage & Berliner, 1996, S. 285)

In einer neueren Studie zur Förderung selbstregulierten Lernens wurden die Veränderungen des Lernverhaltens untersucht (Gürtler, Perels, Schmitz & Bruder, 2002; Perels, Schmitz & Bruder, 2003). Dabei wurden bei Schülern der achten Gymnasialklasse über sieben Wochen Informationen zum außerschulischen Lernen erhoben, indem über den gesamten Trainingszeitraum ein standardisiertes Lerntagebuch eingesetzt wurde, bei dem die Schüler vor bzw. nach der Bearbeitung der Hausaufgaben Fragen zu ihrem Lernverhalten sowie der für das Lernen aufgebrachten Zeit beantworten sollten. Mit Hilfe dieses Instruments war es möglich, prozessuale Daten über das Lernverhalten der Schüler zu erhalten. In Abbildung 2 sind zwei Prozess-Ergebnisse aus dieser Studie dargestellt. Abbildung 2a stellt den Verlauf der Lernzeit einer Schulklasse bezogen auf die Zeit, die für das Fach Mathematik aufgewendet wurde, dar. Es zeigt sich deutlich, dass diese nur unmittelbar vor einer Klassenarbeit (dargestellt durch die senkrechte Linie) deutlich ansteigt (Perels, Löb, Schmitz & Haberstroh, eingereichtes Manuskript). Dieser Verlauf bildet den Prozess des massierten Lernens ab und unterscheidet sich von den Ergebnissen, die Haag und Mischo (2002a, 2002b) für das Fach Latein gefunden haben. In Abbildung 2b wird der Verlauf der Skala Reflexion über den Trainingszeitraum dargestellt. Dabei zeigt sich eine stetige Zunahme der Reflexionsfähigkeit der Schüler (erkennbar an einem signifikanten linearen positiven Trend) über den gesamten Trainingszeitraum (Gürtler, 2003).

Abbildung 2a

Abbildung 2b

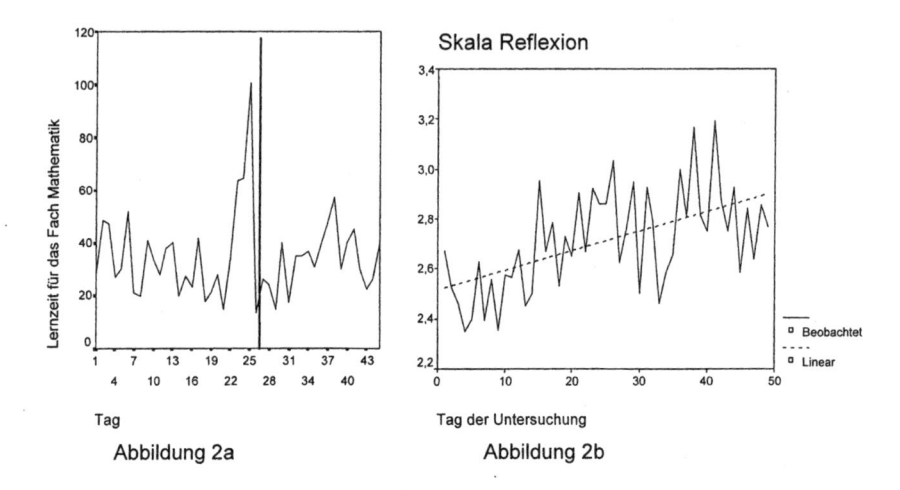

Abbildung 2: Verlauf der Lernzeit einer Schulklasse für das Fach Mathematik und Verlauf der Skala „Reflexion" (aus Gürtler, 2003)

Schmitz und Wiese (1999) untersuchten aufbauend auf einem Prozessmodell des Lernens in einer vierzehntägigen Verlaufsstudie mit Krankenpflegeschülern die tägliche Vorbereitung auf eine Prüfung. Dabei wurde neben der Lernzeit auch der Einsatz von Lernstrategien untersucht. Abbildung 3 zeigt exemplarisch aus dieser Studie den Zeitverlauf der eingesetzten Lernstrategien (Organisationsstrategie „Hauptgedanke herausarbeiten" und Informationsverarbeitungsstrategie „Wiederholen") auf Stichprobenebene.

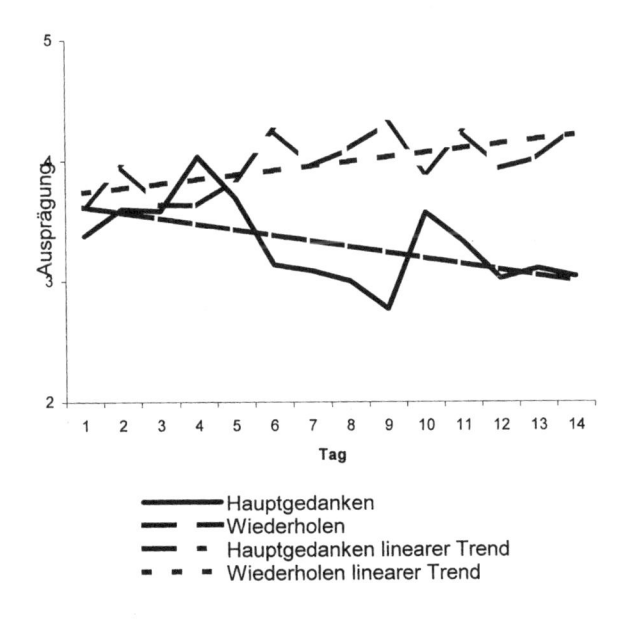

Abbildung 3: Verlauf der Nutzung der Lernstrategien „Hauptgedanken herausarbeiten" und „Wiederholen" (aus Schmitz & Wiese, 1999)

Wie der Abbildung zu entnehmen ist, zeigt sich für die Organisationsstrategie „Hauptgedanke herausarbeiten" eine Abnahme, die sich auch als statistisch bedeutsam erwies ($R = .57$, $b_0 = 3.7$, $b_1 = -.05$, $p < .05$). Das Ausmaß der Anwendung der Lernstrategie „Wiederholen" nahm hingegen signifikant zu ($R = .64$, $b_0 = 3.7$, $b_1 = .04$, $p < .01$). Aus diesen Beispielen wird deutlich, dass die Anwendung von Lernstrategien nicht konstant ist, sondern über die Zeit variiert. Dies stellt die Erhebung von Lernstrategien mit Trait-Instrumenten wie dem LIST (Wild & Schiefele, 1994) in Frage.

3. Dynamische Zusammenhänge

Eines der wichtigsten Ziele der Pädagogischen Psychologie ist die Entwicklung von Kausalaussagen über das Zusammenwirken verschiedener Variablen. Dazu ist die multivariate Zeitreihenanalyse das geeignete statistische Auswertungsverfahren. Mit Hilfe der multivariaten Zeitreihenanalyse kann im Gegensatz zu statischen (querschnittlichen) Korrelationsauswertungen eine dynamische Analyse des Beziehungsgeflechts zwischen verschiedenen Variablen erfolgen. Dieser Vorteil beruht auf der Möglichkeit, „lag"-Zeitreihen (Verschiebung einer Zeitreihe um eine oder mehrere Zeiteinheiten) zu bilden und so Zusammenhänge über die Zeit als Auswertungsgrundlage zu nutzen. Im Gegensatz dazu können bei statischen Korrelationsanalysen einzig Aussagen über das gemeinsame Auftreten und eine beobachtbare Kovariation abgeleitet werden, die jedoch keine kausale Wirkrichtung prüfen. Weiterhin erlaubt die multivariate Zeitreihenanalyse aufgrund der dynamischen Analyse der zeitlichen Ordnung von mindestens zwei Variablen das Testen von Hypothesen über verschiedene Wirkungsrichtungen. So könnte z.B. das Interaktionsverhalten einer Dyade (z.B. Mutter und Kind) betrachtet werden, um die Fragestellung beantworten zu können, wer wen beeinflusst. Mit Hilfe der multivariaten Zeitreihenanalyse kann z.B. festgestellt werden, ob das Verhalten der Mutter als Reaktion auf das Verhalten des Kindes oder das Verhalten des Kindes als Reaktion auf das Verhalten der Mutter anzusehen ist. Ein alternatives Ergebnis kann sein, dass beide Personen sich gegenseitig in ihrem Verhalten beeinflussen oder dass die Verhaltensweisen der Mutter-Kind-Dyade voneinander unabhängig sind. Eine detaillierte Erörterung zu multivariaten Analysen befindet sich z.B. bei Schmitz (1989).

Als ein Beispiel für dynamische Zusammenhänge werden im Folgenden einige Ergebnisse einer Studie zum Fernsehverhalten in der Familie berichtet (Sang, Schmitz & Tasche, 1992, 1993; Schmitz, Stanat, Sang & Tasche, 1996; Schmitz, 2000). Bei dieser Studie wurden die Sehzeiten für Informationssendungen von Müttern und ihren jugendlichen Kindern auf der Basis telemetrischer Daten über einen Zeitraum von einem Jahr untersucht. Abbildung 4 zeigt den Verlauf der Sehzeit (in Minuten) für zwei Dyaden von einem 14-jährigen Jugendlichen und dessen Mutter. In diesem Beispiel bildet die Dyade die zugrunde liegende Einheit für die idiographische Analyse (vgl. Abb. 4).

Man sieht für beide Dyaden, dass die Mütter durchschnittlich mehr fernsehen als die Kinder. Während sich bei Dyade 1 (oberer Teil von Abbildung 4) relativ ähnliche Verläufe von Mutter und Kind zeigen ($r = .53$), beträgt die Intradyadenkorrelation für Dyade 2 nur $r = .04$. Aggregiert man nun die intradyadischen Beziehungen über alle Dyaden, so ergibt sich ein mittlerer dynamischer Zusammenhang von $r = .35^{***}$.

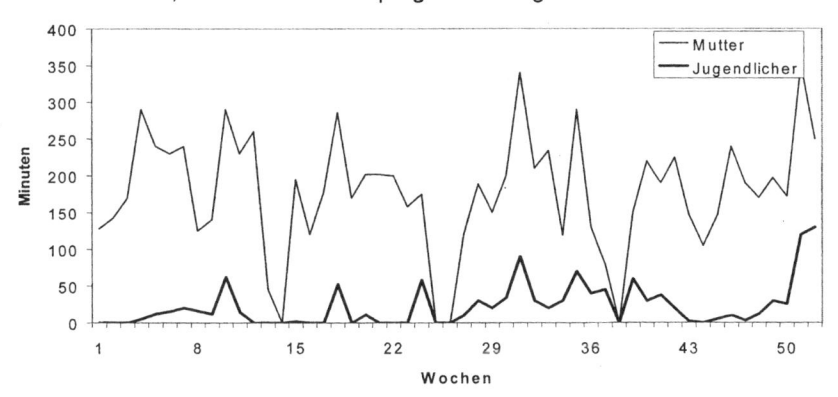

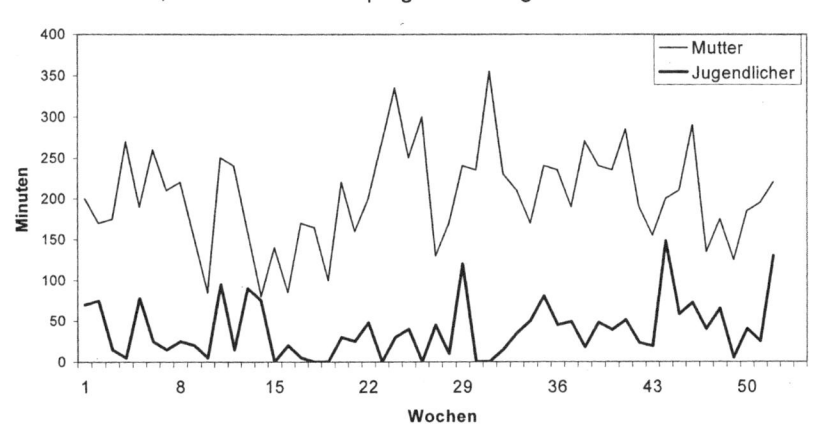

Abbildung 4: Verlauf der wöchentlichen Sehzeit für Informationssendungen von Mutter und Jugendlichem für zwei Dyaden (aus Schmitz, 2000)

Die Korrelation der durch Mittlung über die Zeit gebildeten Durchschnitte (interdyadische Beziehung) wird dagegen nicht statistisch signifikant (r = .02). An diesem Beispiel wird deutlich, dass die Beziehungen im idiographischen von dem querschnittlichen Ansatz unterschiedlich sein können.

Als weiteres Beispiel könnte interessieren, in welchem Wirkzusammenhang die Kontrollüberzeugung und die Anstrengung einer Person stehen. Um dies herauszufinden, kann man die dynamischen Interaktionen dieser Variablen betrachten. In Abbildung 5 sind die Wirkrichtungen mit Hilfe der ϕ-Parameter schematisch dargestellt. Dabei geben die beiden Parameter ϕ_{11} und ϕ_{22} Aufschluss über die seriellen Abhängigkeiten der Zeitreihen (Autokorrelation der Zeitreihe der Variable „Kontrollüberzeugung" und der Variable „Anstrengung"). Die Parameter ϕ_{12} und ϕ_{21} geben Aufschluss über die zeitverschobenen dynamischen Zusammenhänge der beiden Zeitreihen. Dabei lässt sich über ϕ_{12} der Einfluss der Anstrengung auf die Kontrollüberzeugung und über ϕ_{21} der Einfluss der Kontrollüberzeugung auf die Anstrengung ausdrücken. Die synchrone Korrelation r lässt dagegen keine Aussagen über die Wirkrichtung beim Zusammenhang dieser Variablen zu.

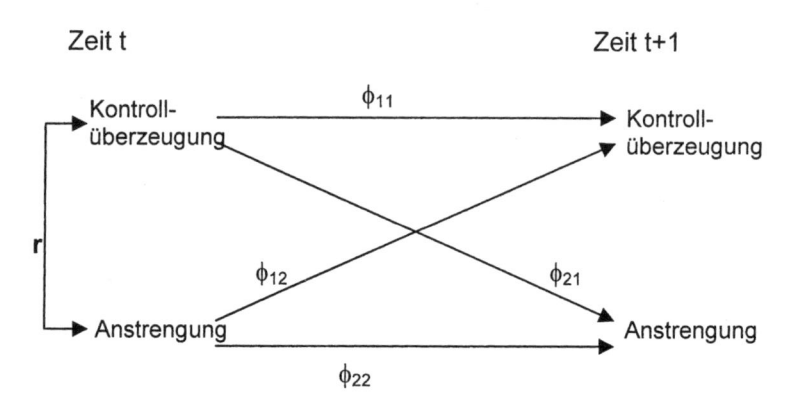

Abbildung 5: Dynamische Interaktion zwischen Kontrollüberzeugung und Anstrengung (schematische Darstellung)

4. Interventionen

Für pädagogisch-psychologische Fragestellungen ist häufig von Interesse, welchen Einfluss eine Intervention hat. So kann z.B. bei einer Evaluation eines Lerntrainings, das unter anderem eine Komponente zur Planung enthält, interessieren, welche Effekte die Trainingssitzung zum Thema Planung auf die täglich erhobene Planung der Trainingsteilnehmer hat. Ziel der Interventionsanalyse ist es, mit Hilfe von Prozessdaten die Wirkung einer Intervention auf ein System zu

Potentiale der Zeitreihenanalyse in der Pädagogischen Psychologie 53

überprüfen. Dabei kann überprüft werden, *ob* die Intervention eine Wirkung hat und *wie* die Intervention wirkt (eine genaue Beschreibung des Vorgehens bei einer Interventionsanalyse befindet sich bei Schmitz, 1989).

Um eine Veränderung im Verhalten oder Erleben der Trainingsteilnehmer beschreiben zu können, ist es nötig, die Ausprägung dieses interessierenden Merkmals über einen längeren Zeitraum zu erfassen. So sollte in dem oben genannten Beispiel die Lernplanung einer Person über eine gewisse Zeit vor der Intervention (z.B. eine Woche) täglich mit einem Fragebogen oder einem Lerntagebuch erhoben werden. Wenn nun nach dieser „Baseline"-Phase die Intervention (z.B. die Trainingssitzung zum Thema Lernplanung) erfolgt, müsste sich die Intervention in einem veränderten Verlauf dieser Variablen (Interventionsphase) niederschlagen. Mit Hilfe der Interventionsanalyse soll nun geprüft werden, inwiefern diese Intervention zu einem statistisch signifikanten Unterschied des Niveaus der beiden Phasen beigetragen hat. Die Werte der „Baseline"-Phase werden also auf Unterschiedlichkeit zu den Werten der Interventionsphase getestet. Abbildung 6 zeigt eine graphische Darstellung einer Interventionsanalyse bezogen auf ein Lerntraining für Schüler der 8. Klasse für die Skala „Planung" (vgl. Gürtler, 2003).

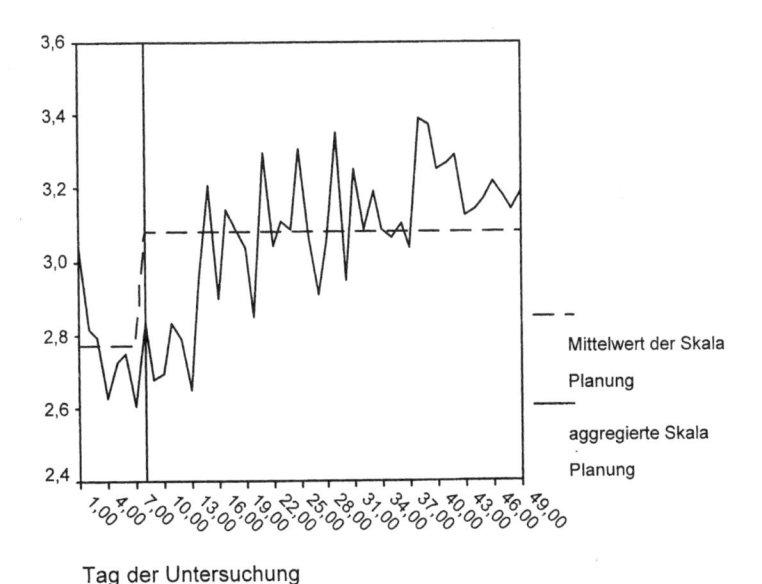

Abbildung 6: Interventionsanalyse für die Skala Planung (aus Gürtler, 2003)

5. Idiographie/Nomothetik

Wie oben bereits dargestellt, sind bei Prozessen im Gegensatz zu anderen statistischen Verfahren sowohl Einzelfälle (idiographisches Vorgehen) als auch Aggregateinheiten (nomothetisches Vorgehen) als Analyseeinheit denkbar. Im Folgenden soll nun der Frage nach der Beziehung zwischen nomothetischen und idiographischen Analysen nachgegangen und im Hinblick auf bivariate Zusammenhänge dargestellt werden, welche Schlüsse von Querschnittskorrelationen auf intraindividuelle Zusammenhänge möglich sind. Schmitz (2000) stellt dazu vier Theoreme der Aggregation auf, von denen die ersten beiden hier etwas diskutiert werden sollen, da sie den Vorteil der Prozessanalyse bezogen auf individuelle Analysen besonders hervorheben. Theorem 3 zieht einen Vergleich zwischen „cross-lagged"-Analysen auf Stichprobenebene und individuellen „cross-lagged"-Zusammenhängen. Dabei wird deutlich, dass sich interindividuelle und intraindividuelle „cross-lagged"-Korrelationen unterscheiden können.

Theorem 1: Von einem Stichprobenverlauf können i.A. keine Schlüsse auf individuelle Verläufe abgeleitet werden.

Der obere Teil von Abbildung 7 stellt den hypothetischen (aggregierten) Verlauf von vier Individuen dar. Dieser Verlauf zeigt eine mehrstufige Treppe mit Auf- und Abstiegen. Im unteren Teil der Abbildung sieht man die Verläufe der vier Individuen, aus denen die aggregierte Kurve gebildet wurde. Sie weisen alle eine einfache Stufenfunktion auf. Bei keinem Verlauf zeigt sich eine mehrfache Zu- oder Abnahme bzw. eine Abfolge von Zu- und Abnahme, so wie beim aggregierten Verlauf. Es zeigt sich somit, dass aggregierte und individuelle Verläufe noch nicht einmal vom Typ her übereinstimmen müssen. Es gibt also neben den Fällen, in denen die Aggregation die individuelle Struktur erhält, auch solche, bei denen sie nicht mehr sichtbar bleibt (vgl. Abb. 7, Seite 56).

Theorem 2: Aus interindividuellen Korrelationen (zu einem Zeitpunkt) lässt sich i.A. keine Aussage über intraindividuelle Zusammenhänge bei den Individuen ableiten.

In Abbildung 8 ist ein hypothetisches Beispiel zum Zusammenhang von intra- und interindividuellen Korrelationen dargestellt (vgl. Schmitz, 2000), das den Zusammenhang von Kontrollüberzeugung und Leistung bei den Hausaufgaben thematisiert (vgl. Abb. 8, Seite 57).

Für eine idiographische Analyse sind zunächst die ersten beiden Zeilen interessant, die für Person 1 die Messwerte für die beiden Variablen zu den vier

Messzeitpunkten angeben. Wird der Zusammenhang dieser Variablen für diese Person berechnet, so ergibt sich eine negative intraindividuelle Korrelation (-1.0). Dieses Ergebnis zeigt sich auch für alle anderen Personen. Für eine nomothetische Analyse sind die Spalten von Interesse. So zeigt die erste Spalte die Daten von vier Personen zu einem Messzeitpunkt. Für den ersten Messzeitpunkt ergibt die interindividuelle Korrelation wie zu allen anderen Messzeitpunkten einen Wert von 0. Es wird deutlich, dass trotz der völligen Übereinstimmung der jeweiligen Korrelationsformen kein Zusammenhang zwischen intra- und interindividuellen Korrelationen besteht. Auch wenn man über die Zeit aggregiert (siehe vorletzte Spalte), so ergibt sich mit einer Korrelation von +1 wiederum eine völlig andere Information als die intra- und interindividuellen (zu einem Zeitpunkt) Zusammenhänge.

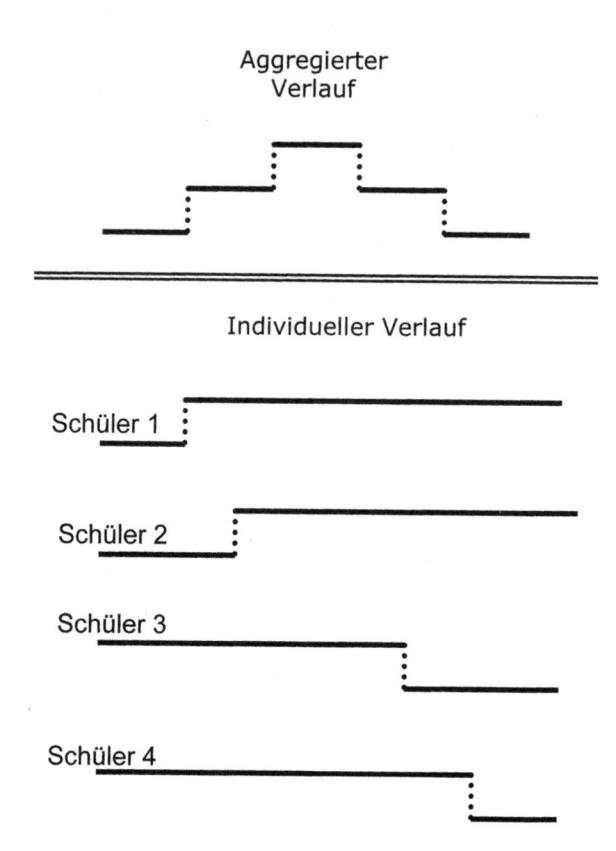

Abbildung 7: Zusammenhang von vier individuellen Verläufen (unten) und dem aggregierten Verlauf (aus Schmitz, 2000)

Vp	Variablen	Zeitpunkte				Mittel	Intraindiv. Korrelation
		1	2	3	4		
1	Kontrollüberzeugung	120	120	100	100	110	-1.0
	Leistung	100	100	120	120	110	
2	Kontrollüberzeugung	120	120	100	100	110	-1.0
	Leistung	100	100	120	120	110	
3	Kontrollüberzeugung	80	80	100	100	90	-1.0
	Leistung	100	100	80	80	90	
4	Kontrollüberzeugung	80	80	100	100	90	-1.0
	Leistung	100	100	80	80	90	
	Korrelation der über die Zeit gemittelten Werte =					+1.0	-1.0
	Ein-Zeitpunkt-Querschnittskorrelation	0.00	0.00	0.00	0.00		

Abbildung 8: Hypothetisches Beispiel zum Verhältnis von intra- und interindividueller synchroner Korrelation

Die Beispiele machen deutlich, dass es bei Prozessdaten möglich ist, auch Aussagen über den Einzelfall zu treffen, die von den Aggregataussagen unterschiedlich sein können. Zur Lösung der Aggregationsproblematik schlägt Schmitz (2000) ein zweistufiges Vorgehen vor. Zunächst sollte eine Analyse der intraindividuellen Prozesse erfolgen und erst anschließend sollten die Ergebnisse dieser Berechnungen in weiteren Analysen zusammengefasst werden.

6. Zusammenfassung und Ausblick

In diesem Beitrag wurden einige Anwendungsfelder zeitreihenanalytischer Verfahren im Bereich der Pädagogischen Psychologie vorgestellt. Eine gute Grundlage für die alltagsnahe Anwendung prozessualer Untersuchungsverfahren bilden Beobachtungs- und Selbstbeobachtungsverfahren, wie sie z.B. durch standardisierte Lerntagebücher realisiert werden können. Auch wenn die Anwendung dieser Verfahren einen großen Aufwand bedeutet und wahrscheinlich auch aufwändiger ist als herkömmliche Querschnittsuntersuchungen, so spricht doch einiges für die

Anwendung dieser Untersuchungsmethoden, vor allem dann, wenn Verlaufshypothesen getestet werden sollen. So lassen zeitreihenanalytische Verfahren genauere Aussagen über Verläufe zu. Mit Hilfe von Prozessdaten können Verläufe hinsichtlich ihrer Form und ihrer Funktion genauer untersucht werden. Da Tagebücher im „realen Leben" der Versuchspersonen ansetzen, kann somit auch der Alltag präziser beschrieben werden als dies mit Einfachmessungen möglich ist. Zeitreihenanalytische Verfahren sind weiterhin besonders zur Untersuchung von Interventionen (Interventionsanalysen) sehr gut geeignet. Dadurch, dass Daten zu vielen Zeitpunkten erhoben werden, kann über die Art des Verlaufs dieser Messwerte die Wirkung der Intervention genauer untersucht werden. Dabei geht es nicht nur darum, ob eine Intervention wirkt, sondern auch, wie sie wirkt. Mit Hilfe von multivariaten Zeitreihenanalysen, die eine Untersuchung des Beziehungsgeflechts zwischen verschiedenen Variablen erlauben, können dynamischen Interaktionen analysiert und so aufgrund der zeitlichen Ordnung Hypothesen über die Wirkrichtung getestet werden. Nicht ausgeführt werden konnte, dass Zeitreihenanalysen auch zu Prognosezwecken sehr gut geeignet sind. Eine möglicherweise zunehmend stärkere Anwendung von Prozessforschung bietet für die Pädagogische Psychologie auch insofern neue Chancen, als sie Analysen sowohl auf Aggregat- als auch auf Individualebene ermöglichen. So können neben Stichproben auch Einzelfälle untersucht und typische individuelle Verläufe analysiert werden. Zeitreihenanalysen erlauben somit eine bessere Analyse des Alltags, von Individuen und dynamischen Interaktionen.

Literatur

Gage, N. L. & Berliner, D. C. (1996). *Pädagogische Psychologie.* Weinheim: Beltz PVU.

Gürtler, T. (2003). *PROSEKKO. Trainingsprogramm zur Förderung selbstregulativer Kompetenzen in Kombination mit Problemlösestrategien – Entwicklung, Durchführung und längsschnittliche sowie prozessuale Evaluation.* Frankfurt/M.: Peter Lang.

Gürtler, T., Perels, F., Schmitz, B. & Bruder, R. (2002). Training zur Förderung selbstregulativer Fähigkeiten in Kombination mit Problemlösen in Mathematik. *Zeitschrift für Pädagogik, 45. Beiheft,* 222-239.

Haag, L. & Mischo, C. (2002a). Hausaufgabenverhalten: Bedingungen und Effekte. *Empirische Pädagogik, 16* (3), 311-327.

Haag, L. & Mischo, C. (2002b). „Saisonarbeiter" in der Schule – einem Phänomen auf der Spur. *Zeitschrift für Pädagogische Psychologie, 16* (2), 109-115.

Perels, F., Löb, M., Schmitz, B. & Haberstroh, J. (eingereichtes Manuskript). Hausaufgabenverhalten aus der Perspektive der Selbstregulation. *Zeitschrift für Entwicklungspsychologie und Pädagogische Psychologie.*

Perels, F., Schmitz, B. & Bruder, R. (2003). Trainingsprogramm zur Förderung der Selbstregulationskompetenz. *Unterrichtswissenschaft, 31,* 23-37.

Sang, F., Schmitz, B. & Tasche K. (1992). Individuation and television coviewing in the family: Develompental trends in the viewing behavior of adolescents. *Journal of Broadcasting & Electronic Media, 36*, 427-441.

Sang, F., Schmitz, B. & Tasche, K. (1993). Developmental trends in television coviewing of parent-child dyads. *Journal of Youth and Adolescence, 22*, 531-542.

Schmitz, B. (1987). *Zeitreihenanalyse in der Psychologie*. Weinheim: Deutscher Studien Verlag.

Schmitz, B. (1989). *Einführung in die Zeitreihenanalyse*. Bern: Verlag Hans Huber.

Schmitz, B. (1992). Machen zwei Messzeitpunkte eine gute Längsschnittstudie? Zur Anwendung der Zeitreihenanalyse in der Pädagogik. *Empirische Pädagogik, 6*, 181-191.

Schmitz, B. (2000). Auf der Suche nach dem verlorenen Individuum: Vier Theoreme zur Aggregation von Prozessen. *Psychologische Rundschau, 51*, 83-92.

Schmitz, B., Stanat, P., Sang, F. &Tasche, K. G. (1996). Reactive effects of a survey on the television viewing behavior of a telemetric audience panel: A combined timeseries and control group analysis. *Evaluation Review, 20*, 204-229.

Schmitz, B. & Wiese, B. S. (1999). Eine Prozeßstudie selbstregulierten Lernens im Kontext aktueller affektiver und motivationaler Faktoren. *Zeitschrift für Entwicklungspsychologie und Pädagogische Psychologie, 31*, 157-170.

Weishaupt, H., Steinert, B., Baumert, J., Mitter, W. & Roeder, P. M. (1990). *Bildungsforschung in der Bundesrepublik Deutschland.* Situation und Dokumentation – Kurzfassung. Unveröffentlichtes Manuskript (im Auftrag des Bundesministeriums für Bildung und Forschung). Frankfurt/M. und Berlin.

Wild, K.-P. & Schiefele, U. (1994). Lernstrategien im Studium. Ergebnisse zur Faktorenstruktur und Reliabilität eines neuen Fragebogens. *Zeitschrift für Differentielle und Diagnostische Psychologie, 15*, 185-200.

Entwicklung und Stabilität von konventionellem politischem Interesse in langfristiger Perspektive. Ergebnisse aus der LifE-Studie

Development and Stability of Conventional Political Interest in a Long-Term Perspective. Results of the LifE-Study

Urs Grob

Zusammenfassung: Auf der Grundlage von Daten der deutschen LifE-Studie (1979 bis 2002) wird der Frage nachgegangen, wie bedeutsam das frühe bis mittlere Jugendalter (12 bis 16 Jahre) für die Entwicklung von konventionellem politischem Interesse ist. Hierzu werden drei Arten von Analysen durchgeführt. Erstens werden Verläufe von Interessewerten im Jugendalter betrachtet, wobei differenzielle Analysen nach Geschlecht und Elternmerkmalen weitergehenden Aufschluss über die Plastizität und das Timing der Entwicklung geben. Zweitens werden die Entwicklungsverläufe der langfristigen relativen Stabilität (von 12 zu 35 Jahren bis 16 zu 35 Jahren) bestimmt, was eine Quantifizierung des Grades der Verfestigung des Politikinteresses im Verlauf des Jugendalters erlaubt. Auch diese Stabilitätsverläufe werden nach Geschlecht und elterlichem Politikinteresse differenziert. Schließlich wird die übergeordnete Fragestellung daraufhin zugespitzt, in welchem Maß bestimmte Kontexte im Jugendalter zur Erklärung des konventionellen Politikinteresses im Erwachsenenalter beitragen. Die Ergebnisse sprechen dafür, dass die Entwicklung von konventionellem politischem Interesse im frühen bis mittleren Jugendalter von langfristiger Relevanz ist. Die bereits im Alter von 12 Jahren feststellbare Geschlechterdifferenz im Politikinteresse verweist jedoch auf die Bedeutung der Geschlechtertypisierung in der Kindheit.

Abstract: Based on longitudinal data of the German LifE-Study, this article investigates the relevance of early to mid-adolescence (age 12 to 16) for the development of conventional political interest. Three types of analyses will be carried out. First of all, developmental trajectories of political interest in adolescence will be focused on. Differentiating them by gender and by selected characteristics of the parents provides further insight into the plasticity and the timing of these processes. Secondly, the analysis of the trajectories of the relative stability of political interest into adulthood (from age 12 to 35 up to age 16 to 35) allows for quantifying the degree of consolidation of political interest in the course of early to mid adolescence. In the analyses, these trajectories of stability will also be differentiated by gender and the parents' political interest. Finally, attention will be given to certain contexts in adolescence and to the extent they help explain variance of conventional political interest in adulthood. The results provide evidence for the long-term relevance of the development of conventional political interest in early to mid-adolescence. However, the gender gap found at age 12 indicates that gender typing processes taking place already in childhood are relevant too.

1. Einleitung

Dieser Beitrag geht der übergeordneten Frage nach, wie bedeutsam das frühe bis mittlere Jugendalter für die Entwicklung von konventionellem politischem Interesse ist. Handelt es sich, wie in der Entwicklungspsychologie theoretisch argumentiert wird und wie dies empirisch durch quer- und längsschnittlich belegte Zuwächse an politikbezogenen Interessewerten gestützt wird, beim Jugendalter tatsächlich um eine speziell sensible Phase für den Aufbau von weltanschaulichen Orientierungen? Werden hier die sprichwörtlichen Weichen gestellt für die langfristige Aufmerksamkeit gegenüber und Auseinandersetzung mit Politik? Oder ist alles nur ein erstes unverbindliches Probehandeln ohne langfristige Relevanz, weil sich die entscheidenden Entwicklungen wesentlich später, nämlich erst im frühen Erwachsenenalter, vollziehen?

Die LifE-Studie[1] erlaubt Antworten auf diese Fragen. Dadurch, dass sie einen Zeitraum vom 12. bis zum 35. Lebensjahr abdeckt, wird es möglich, die Entwicklung von konventionellem politischem Interesse im Jugendalter auf ihre langfristige Relevanz hin zu prüfen.

2. Theoretische Bezüge

2.1 Begriffsklärung

Unter *konventionellem politischem Interesse* soll hier ein relativ stabiler Zustand der Bedeutungszuschreibung und Aufmerksamkeit gegenüber und der Auseinandersetzungsbereitschaft mit dem Gegenstandsbereich der „konventionellen" Politik verstanden werden. Konventionelle Politik steht für die institutionalisierten Strukturen und Prozesse im demokratischen Staat sowie die darin handelnden Akteure, d.h. für die „traditionellen" Politikfelder (Kuhn & Schmid, 2004). Interesse wird dabei zwar primär als motivationales Konstrukt betrachtet. Es speist sich jedoch auch aus kognitiven Elementen (Wissen, selbstbezogene Kognitionen) und es äußert sich in und stabilisiert sich über habitualisiertes politisches Informations- und Austauschverhalten. Für diese Verhaltenskomponente wird hier eine besondere stabilisierende Funktion proklamiert, die über Feedbackprozesse durch den sozialen Kontext vermittelt ist. Akteure im Kontext eines Individuums tendieren dazu, konsistentes Rollenverhalten dieses Individuums positiv zu verstärken,

---

[1] „Lebensverläufe von der späten Kindheit ins frühe Erwachsenenalter (LifE). Die Bedeutung von Erziehungserfahrungen und Entwicklungsprozessen für die Lebensbewältigung – Follow-Up zur Konstanzer Jugendlängsschnittstudie *Entwicklung im Jugendalter*"; Autoren: H. Fend, W. Georg, F. Berger, U. Grob und W. Lauterbach.

insbesondere wenn es in Übereinstimmung mit den milieubezogen dominanten Deutungsmustern und Verhaltensweisen steht. Die Verhaltenskomponente weist gegenüber latenten Motivlagen eine größere Sichtbarkeit auf, wodurch sie stärkerer sozialer Kontrolle ausgesetzt ist und höheren Anforderungen an Stimmigkeit und Konsistenz zu genügen hat. Der sich sukzessive stabilisierende Habitus des politischen Informations- und Austauschverhaltens ist mit dem subjektiven politischen Interesse, das sich als Selbstkonzeptdimension („ich bin eine politisch interessierte Person") interpretieren lässt, eng verknüpft.

Die Bedeutung von konventionellem politischem Interesse ergibt sich aus zweierlei Perspektiven: aus einer individuellen und einer gesellschaftlichen. Die *individuelle Relevanz* von politischem Interesse liegt primär in dessen Rolle als motivationspsychologischer Schlüsselgröße in zirkulären Verstärkungsprozessen von Interesse, Auseinandersetzung und Kompetenzerwerb begründet. Politisches Interesse wird in Übereinstimmung mit der allgemeinen Motivations- und Interesseforschung (Krapp, 1992; Todt, 1995) und mit politikbezogenen Konkretisierungen (van Deth, 1990) als das zentrale motivationale Agens betrachtet für die Auseinandersetzung mit Politik und für den Aufbau von Wissen und Kompetenzen. Wissen und sich selbst attribuierte Kompetenzen erhöhen wiederum die Wahrscheinlichkeit von Relevanzzuschreibungen und von persistenter Auseinandersetzung.

Die *gesellschaftliche Relevanz* von konventionellem politischem Interesse ergibt sich aus dessen Bedeutung für die politische Beteiligung. Politisches Interesse ist erwiesenermaßen zentraler Bedingungsfaktor für die Intensität von formeller Partizipation, die ihrerseits demokratietheoretisch unverzichtbar ist. Politisches Interesse ist Voraussetzung für die notwendige Kontrolle der vom Souverän delegierten Macht im demokratischen Staat. Politische Mündigkeit, Verantwortungsbewusstsein und eine aktive Rolle als Staatsbürger/in setzen politisches Interesse voraus. Über die Quantität der formellen Beteiligungsbereitschaft hinaus ist politisches Interesse geeignet, die Explorationstiefe und damit die Qualität der Auseinandersetzung und damit die Güte von politischen Richtungsentscheidungen zu steigern.

Ohne die Argumentation systematisch entfalten zu können, sei hier darauf hingewiesen, dass trotz Kritik von feministischer Seite an einem engen Politikbegriff, der dieser Kritik zufolge unausweichlich zur weiblichen Defizithypothese führt (Sauer, 1994; Westle, 2001), an einem solchen festgehalten werden soll. Die etablierte Politik wird als der Raum betrachtet, in welchem nach breit akzeptierten Prozessregeln Konflikte ausgetragen und prinzipiell konflikthafte Entscheidungen gefällt und verantwortet werden. Ein aus der Hoffnung auf authentischere und harmonischere Formen der Konfliktregelung motivierter Rückzug aus diesem Raum käme einer Preisgabe des zentralen demokratischen Konfliktregelungsmechanismus gleich, was nichts weniger als die Grundlagen der Demokratie in Frage stellen würde (Reinhardt & Tillmann, 2001). Insofern besteht keine (einfache) Alternative zur normativen Forderung einer Beteiligung in besagten traditionellen Politikformen.[2]

2.2 Modellvorstellungen zur politischen Sozialisation

Zur Erklärung von Prozessen des Aufbaus politischer Orientierungen bestehen bekanntlich erstaunlich divergente Modellvorstellungen, die nach wie vor kontrovers diskutiert werden (Geißler, 1996, 65). Eine bekannte idealtypische Klassifizierung nach Robert Weissberg (1974) unterscheidet drei Konzepte:

In psychoanalytischer Tradition wurde bereits früh im letzten Jahrhundert von der Bedeutung der Kindheit insbesondere für die latente politische Sozialisation ausgegangen. Entsprechend wird in diesem *Primacy-Modell* der Familie eine Schlüsselrolle zugewiesen. Weil davon ausgegangen wird, dass nicht nur Inhalte aufgenommen, sondern kognitive und affektive Basisstrukturen aufgebaut werden, welche spätere Informationsaufnahme- und Informationsverarbeitungsprozesse präformieren, argumentiert dieses Modell im Sinne einer sehr frühen und langfristig stabilen Prägung (vgl. etwa Caldwell, 1964; dargestellt in Fend, 1969, 81ff.).

Von entwicklungspsychologischer Seite her wird demgegenüber das Modell des *Intermediate Period Learning* favorisiert. Das Jugendalter wird aufgrund der Plastizität des Selbst als speziell sensible Phase betrachtet (vgl. etwa Fend, 1991). Die „Entdeckung des Selbst" und der Aufbau von Identitäten schaffen eine besondere Empfänglichkeit für Einflüsse von außen. Die ko-konstruktiv aufgebauten Deutungsmuster und Orientierungen stabilisieren sich sukzessive, sie strukturieren neue Erfahrung und werden in zunehmendem Maße inert gegenüber konträren Mustern.

Von der jüngeren Entwicklungspsychologie der Lebensspanne (*Life Span Development*) (Baltes, Lindenberger & Staudinger, 1998) wird hingegen das Modell des *Recency Learning* favorisiert. Diesem gemäß weisen die aktuellen sozialen Beziehungen des Individuums den größten Einfluss auf dessen Orientierungen auf, welche sich in einer konstruktivistischen Perspektive weitergehend als kollektiv geteilte permanent (re-)konstruierte Muster verstehen lassen (Berger & Luckmann, 1977). Sie formieren und transformieren sich im Rahmen wechselseitiger Austausch- und Beeinflussungsprozesse auch im Erwachsenenalter. Identität

---

2   Womit keinesfalls die feministischen Argumente zur Erklärung der Geschlechterdifferenz jenseits einer defizitorientierten Perspektive für nichtig erklärt werden sollen.

wird in einer solchen Perspektive nicht als ein für alle Mal erarbeitetes und dann stabiles Merkmal verstanden, sondern als dynamischer Prozess und stetige Aufgabe, als „Identitätsarbeit" (Keupp & Höfer, 1997).

Was nun spezifisch den Aufbau von *politischem Interesse* anbelangt, besteht ein gewisser Konsens, dass das Jugendalter eine sehr bedeutsame Phase darstellt. Allerdings werden auch hier für das frühe Erwachsenenalter wesentliche Transformationsprozesse erwartet, wobei vor allem der beruflichen Entwicklung eine zentrale Rolle zugeschrieben wird (Claußen, 1996).

2.3 Empirische Evidenzen

Obwohl auch im deutschsprachigen Raum mittlerweile auf eine ganze Reihe von Längsschnittstudien zurückgegriffen werden kann (Reinders, 2003), ist das gesicherte empirische Wissen zur *langfristigen* Bedeutsamkeit von Prozessen der politischen Sozialisation im Jugendalter noch immer begrenzt (Geißler, 1996, 65). Limitierende Faktoren sind die berücksichtigten Zeiträume und zum Teil selektive Stichproben.

In längsschnittlichen Studien konnte für das Jugendalter ein konsistenter Zuwachs von politischem Interesse festgestellt werden (für das Alter von 12 bis 16 Jahren vgl. Fend, 1991, 168ff.; für den Altersabschnitt von ca. 16 bis 19 Jahren vgl. Schmid, 2004, 102). Querschnittliche Studien wie die DJI-Jugendsurveys (Schneider, 1995; Gille, Krüger & de Rijke, 2000), die Shell-Jugendstudien (Fischer, 2000; Schneekloth, 2002) und Auswertungen des ALLBUS (Niedermayer, 2001, 23) verweisen darauf, dass dieser Prozess bis weit ins dritte Lebensjahrzehnt andauern könnte. Es stellt sich jedoch die Frage, ob sich hier bei hoher positionaler Stabilität kollektive Zunahmen im Politikinteresse vollziehen, oder ob umgekehrt zwar das mittlere Interesseniveau zunimmt, die individuelle Entwicklung aber von großer Volatilität gezeichnet ist. Es stellt sich mit anderen Worten die Frage nach der Stabilität.

Die Längsschnittstudie von Krampen (1991, 1998) erlaubt zwar keine direkten Aussagen über die Stabilität von *politischem Interesse* über die berücksichtigte Altersspanne von ca. 15 bis 22 Jahren. Die theoretisch verwandten Konstrukte des *politischen Wissens, Kompetenzselbstkonzepts* und *Informationsverhaltens*, welche ja ebenfalls Offenheit für den Bereich des Politischen und die Auseinandersetzung damit zum Ausdruck bringen, zeigen jedoch überraschend hohe manifeste Korrelations- bzw. Stabilitätskoeffizienten von um die .60 (Krampen, 1998, 83). Weit tiefer fallen demgegenüber die Stabilitäten bezogen auf Konstrukte aus, die sich auf einen stärker variablen Gegenstandsbereich beziehen: Dem Wandel der politischen Situation und der Diskurse darüber entsprechen auf individueller Ebene geringere positionale Stabilitäten im politischen Vertrauen und in der politischen Zufriedenheit.

Die für das formulierte Erkenntnisinteresse bedeutsamste Referenzstudie stellt zweifellos diejenige von Jennings und Niemi dar (1974, 1981). Jennings et al. konnten im Jahre 1965 erstmals befragte Collegeabsolventen und -absolventinnen (und deren Eltern) im Rahmen von mittlerweile vier Befragungswellen bis ins Alter von ca. 50 Jahren begleiten. Aus diesen Untersuchungen liegen reichhaltige Daten zur langfristigen Stabilität politischer Orientierungen vor, u.a. auch zum politischen Interesse (Jennings & Stoker, 2001; Jennings, Stoker & Bowers, 2001).

Tabelle 1: Positionale Stabilität ausgewählter Konstrukte in der Studie von Jennings et al.

Konstrukt	Stabilitätskoeffizient für die Spanne von ca. 18 bis 26 Jahren Pearsons r (Tau_b)	Stabilitätskoeffizient für die Spanne von ca. 18 bis 50 Jahren Pearsons r
Politisches Wissen	.58 bis .82 (.56)	.55 bis .73
Politisches Interesse	.30 bis .39 (.32)	.25 bis .37
Parteibindung	.50 (.43)	.18 bis .31
Politisches Vertrauen	.20 (.18)	.16 bis .17

Anmerkung: Werte für zwei Gruppen: eher tiefe vs. eher hohe Eltern-Kind-Übereinstimmung in politischen Fragen

Für den 8-Jahresabstand zwischen einem Alter von ca. 18 und 26 Jahren (1965 bis 1973) beträgt die Stabilität von Politikinteresse (*„interest in public affairs"*, 4-stufig erfragt), wie Tabelle 1 zu entnehmen ist, zwischen .30 und .39. Der 1981 ausgewiesene Tau_b-Wert beläuft sich auf .32[3]. Die Stabilität über insgesamt 32 Jahre (von 18 bis 50) liegt demgegenüber nur wenig darunter. Dies zeigt eindrücklich, wie die Stabilität im mittleren Erwachsenenalter zunimmt und in vielen Fällen in der zweiten Lebenshälfte den höchsten Wert im Lebenszyklus erreicht. Die im frühen Erwachsenenalter vorerst deutlich stabilere Parteibindung verliert längerfristig gegenüber dem politischen Interesse etwas an Stabilität. Analog zum Befund von Krampen (1998) fällt die Stabilität von politischem Vertrauen beim Übergang ins frühe Erwachsenenalter (und auch in den Jahren danach) deutlich geringer aus.

---

3 Leider enthalten die mir vorliegenden Publikationen keinen Gesamtwert für den Stabilitätskoeffizienten von Politikinteresse. Die in der älteren Publikation von 1981 anstelle von Produkt-Moment-Koeffizienten dokumentierten Tau_b-Werte sind nur bedingt mit ersteren vergleichbar.

Noch immer lässt sich eine signifikante Differenz im Politikinteresse zwischen Frauen und Männern beobachten, die über sozialstrukturelle Komponenten (Bildungsgrad, Status) nur unvollständig erklärbar ist (Westle, 2001). Dies und der Umstand, dass sich die Geschlechterdifferenz in den bereits erwähnten zwei großen deutschen Jugendstudien, die im Alter von 15 respektive 16 Jahren ansetzen, bereits sehr deutlich zeigt, verweist auf die Bedeutung der politischen Sozialisation. Dass der Prozess der Geschlechtertypisierung in der frühen Kindheit einsetzt und die Stereotypen in der mittleren Kindheit ein Maximum erreichen, ist gut erforscht (Trautner, 1997, 185f.; Kasten, 1996, 57ff.). Die Relevanz dieses Befundes für das politische Interesse ist zwar theoretisch intensiv diskutiert (Geißel, 2004), empirisch jedoch noch weitgehend ungeklärt. Die entsprechenden Forschungsdefizite an qualitativen wie quantitativen Studien zur *Genderfrage in der politischen Sozialisation* im Allgemeinen und für das *Kindesalter* im Speziellen sowie die Defizite an der Entwicklung und empirischen Umsetzung differenzierter *Prozessmodelle* werden schon seit längerem angemahnt (Jacobi 1991; Kelle 1993; Nissen 1998, 124ff.).

Der Einfluss des *elterlichen Politikinteresses* auf das Politikinteresse der Kinder gilt für das Jugendalter als empirisch gesichert (für Übersichtsdarstellungen vgl. Wasmund, 1982; Geißler, 1996; Hopf & Hopf, 1997, 134ff.). Zur Bedeutung der Kategorie Geschlecht kann erfreulicherweise auf zwei neuere Arbeiten zurückgegriffen werden, die auf der Grundlage von Längsschnittstudien, die in Berlin (Schmid, 2004) resp. Mannheim und Leipzig (Buhl, 2003) durchgeführt wurden, erstmals Aussagen zu *geschlechtsdifferenziellen Wirkungen* erlauben. Im direkten Vergleich zeigt sich allerdings eine kontroverse Befundlage. Während Buhl bei den zeitversetzten Zusammenhängen[4] für die weiblichen Jugendlichen Elterneffekte vorfand, die tendenziell geringer ausgeprägt waren als diejenigen auf die männlichen Jugendlichen (2003, 109), zeigte sich in den Analysen von Schmid eine umgekehrte Tendenz. Sie fand bei den untersuchten Gymnasiastinnen und Gymnasiasten in Kreuzpfadmodellen mit vier Messzeitpunkten für den Altersbereich von ca. 16 bis 19 Jahren, dass für die Entwicklung des politischen Interesses „[...] die [politische; Anm. d. Verf.] Exploration im Kontext von engen sozialen Beziehungen bei den weiblichen Jugendlichen einen höheren Stellenwert hat als bei den männlichen Jugendlichen" (2004, 172). Diese Aussage bezieht sich sowohl auf Austauschprozesse mit Gleichaltrigen als auch im Elternhaus.

Zur hier zusätzlich fokussierten langfristigen Elternwirkung unter Berücksichtigung des Geschlechts ist, wie bereits gesagt, bedauerlicherweise noch gar

---

[4] Korrelation des „Informations- und Auseinandersetzungsgrades" der Eltern, als ihre Kinder 15 Jahre alt waren, mit dem „Informations- und Auseinandersetzungsgrad" der Jugendlichen im Alter von 19 Jahren.

nichts bekannt. Auf der Grundlage theoretischer Argumente für eine in den aktuell prävalenten weiblichen Lebensentwürfen nach wie vor größere Relevanz von engen sozialen Beziehungen für (junge) Frauen (Dietzinger, 2000), wird – übereinstimmend mit den Befunden von Schmid (2004) – für die vorliegende Studie die These formuliert, dass die Eltern für die Entwicklung von konventionellem politischem Interesse für die weiblichen Jugendlichen sowohl im Jugend- wie auch im Erwachsenenalter bedeutsamer sind als für die männlichen.

Was einen möglichen Einfluss *inhaltlicher Orientierungen der Eltern* auf das Politikinteresse der Kinder anbelangt, liegt es nahe, die *elterliche politische Progressivität* (vs. Konservativität) in den Blick zu nehmen. Betrachtet man nämlich Parteiprogramme und Frauenanteile progressiver politischer Parteien, kann geschlussfolgert werden, dass politische Progressivität mit stärker egalitären normativen Geschlechterrollenvorstellungen assoziiert ist. Egalitäre normative Geschlechterrollenvorstellungen (Krampen, 1979) implizieren eine Erweiterung des Verhaltensrepertoires für die Mädchen in Richtung „männlicher" Domänen bzw. Territorien wie dies im Falle des Feldes „Politik" beispielhaft gegeben ist (Bilden, 1991; Kelle, 1993). Entsprechend zu erwarten wäre eine Interaktion mit der Kategorie Geschlecht bzw. eine selektive Wirkung der elterlichen Progressivität auf das Politikinteresse der Töchter.

3. Fragestellungen und Auswertungsstrategien

Die übergeordnete Frage richtet sich, wie eingangs erwähnt, darauf, wie bedeutsam das frühe bis mittlere Jugendalter (von 12 bis 16 Jahren) für die Entwicklung von konventionellem politischem Interesse ist. Antworten darauf erhoffe ich mir durch ein Vorgehen in drei Schritten.

Erstens wird danach gefragt, wie sich das politische Interesse im frühen bis mittleren Jugendalter generell, nach Geschlecht und in Abhängigkeit von bestimmten familialen Kontextfaktoren entwickelt. Speziell betrachtet werden soll die Entstehung des „gender gap". Zu diesem Zweck werden differentielle Verläufe von Gruppenmittelwerten in den Blick genommen, die auf der Grundlage von über die Gruppen und die Messzeitpunkte hinweg global z-transformierten Interessedaten berechnet werden.

Eine zweite Fragestellung gilt der zeitlichen Entwicklung langfristiger Habitualisierungen und Stabilisierungen der (Nicht-)Aufmerksamkeit gegenüber und der (Nicht-)Beschäftigung mit dem Gegenstandsbereich Politik. Die erwähnten Mittelwertverläufe geben hierüber keinen Aufschluss. Es bedarf einer Analyse der Verläufe von Stabilitätskoeffizienten vom Jugend- ins Erwachsenenalter.

Schließlich soll der Frage nachgegangen werden, welche kontextuellen Faktoren im Jugendalter das politische Interesse langfristig beeinflussen und ob sich hierbei „gender"-spezifische Muster beobachten lassen. Antworten auf diese Fragen sollen mittels multipler Regressionsanalysen gewonnen werden.

4. Methode

4.1 Erhebung und Stichprobe

Grundlage der LifE-Studie bildet die Konstanzer Jugendstudie, die als Klassenstudie im Bundesland Hessen, im Großraum Frankfurt am Main, in den Jahren 1979 bis 1983 durchgeführt wurde. Eine Kohorte des modalen Geburtsjahrgangs 1967 wurde im Jugendalter von 12 bis 16 Jahren begleitet und jährlich wiederkehrend schriftlich befragt (vgl. Abb. 1). Die Stichprobe umfasst pro Erhebungszeitpunkt um die 2000 Jugendliche[5]. Zusätzlich fanden drei Lehrer- und zwei Elternbefragungen statt. Letztere sind für die Beantwortung der Frage nach dem elterlichen Einfluss auf das politische Interesse der Heranwachsenden bedeutsam. An der Wiederbefragung im Jahre 2002 beteiligten sich 1527 Personen. Der bereinigte Rücklauf betrug 82% (Berger, Grob, Fend & Lauterbach, 2005; vgl. Abb. 1).

Im Vergleich zur Stichprobe der Jugendstudie zeigt sich eine gewisse Verzerrung der Erwachsenenstichprobe im Wissensbereich (vgl. Tabelle 2). Sie ist auf eine Untervertretung der ehemaligen Hauptschülerinnen und Hauptschüler zurückzuführen. Ursache ist eine geringere Quote des erfolgreichen Wiederfindens in Kombination mit einer etwas geringeren Beteiligungsbereitschaft. Bezüglich der untersuchten politischen Orientierungen im Jugendalter erweist sich die Erwachsenenstichprobe hingegen als frei von Verzerrungen.

Eine analoge leichte Unterrepräsentation von Personen mit grundlegender formaler Schulbildung (Hauptschulabschluss) zeigt sich auch beim Vergleich der im Jahre 2002 wieder befragten Personen mit der Teilstichprobe der im ALLBUS 2002 in den alten Bundesländern befragten 30- bis 39-Jährigen. Auf der anderen Seite sind Personen mit der mittleren Reife als höchstem Schulabschluss leicht übervertreten, nicht aber solche mit Hochschul- oder Fachhochschulreife. Damit zum Teil im Zusammenhang stehend sind die in der LifE-Studie befragten 35-Jährigen politisch etwas progressiver eingestellt als die erwähnte ALLBUS-Referenz-Teilstichprobe[6].

---

5 Zum letzten Erhebungszeitpunkt (1983) für das modale Alter von 16 Jahren sind es aufgrund des Abgangs der Hauptschüler/innen etwas weniger.
6 Auf der 10-stufigen Skala des ALLBUS-Instruments beträgt $\Delta M = 0.30$ (SD = 1.77, $t_{(1731)} = -2.98$, p = .003).

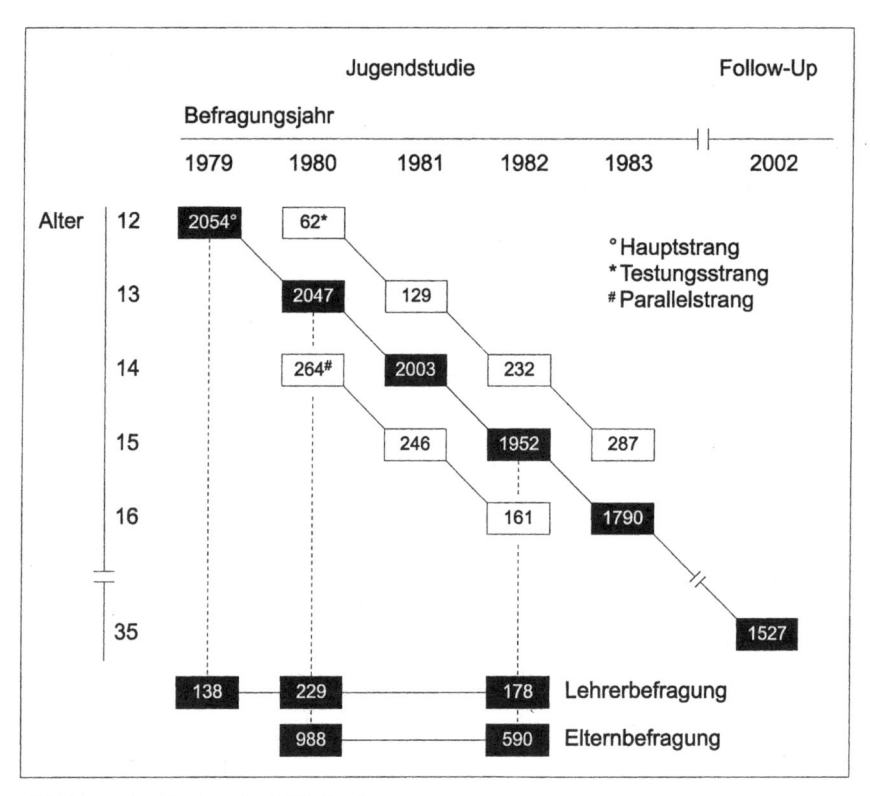

Abbildung 1: Design der LifE-Studie

Tabelle 2: Ausfallanalyse nach Merkmalen im Jugendalter (15): Vergleich der Teilnehmenden mit der Gegengruppe der nicht Gefundenen oder nicht Teilnehmenden

Merkmal im Jugendalter	F	df	p	Eta2
Politisches Wissen (Institutionen)	31.3	1/1557	<.001	2.0%
Politisches Verständnis (Prozesse)	11.5	1/1369	<.001	0.8%
Beteiligung an schulischer Mitbestimmung	3.6	1/1767	n.s.	0.2%
Politisches Interesse	0.2	1/1797	n.s.	0.0%
Politisches Vertrauen	0.0	1/1661	n.s.	0.0%
Ausländerfeindlichkeit*	0.0	1/1555	n.s.	0.0%

Anmerkung: * im Alter von 16 Jahren erhoben

4.2 Instrumente

4.2.1 Konventionelles politisches Interesse im Jugendalter

Für die nachfolgenden auf Strukturgleichungen basierenden Auswertungen wird konventionelles politisches Interesse im Jugendalter als Faktor zweiter Ordnung (second-order factor) konzipiert (vgl. Abb. 2). Es stellt das gemeinsame erklärende Prinzip hinter den Faktoren erster Ordnung (first-order factors) *Häufigkeit von politischem Informationsverhalten* und *affektive Einstellung zu politischen Verhaltensweisen* dar.

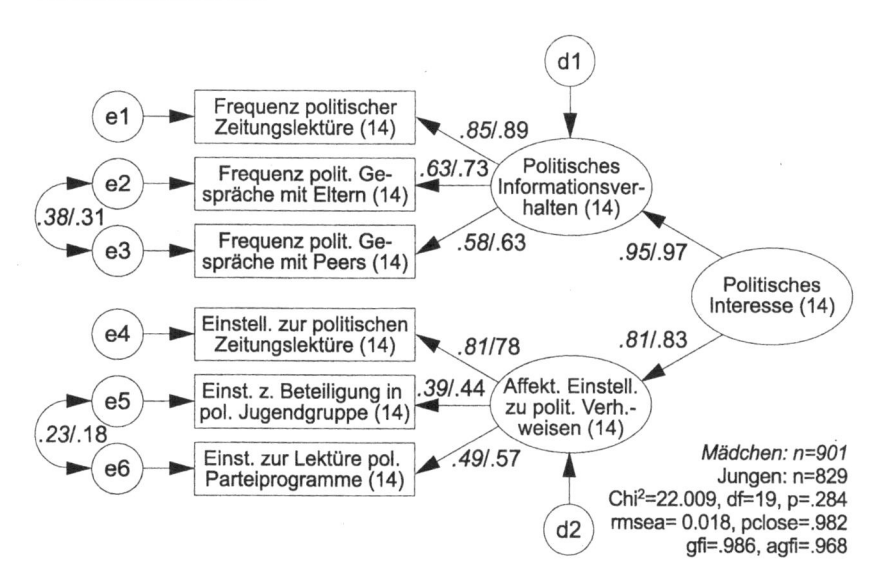

Abbildung 2: Messmodell im Jugendalter (beispielhaft abgedruckt sind die Kennwerte für die modal 14-Jährigen, 1981)

Anmerkung: Die Fallzahlen beziehen sich auf die vollständig vorhandene Information auf allen Variablen (listenweiser Ausschluss von fehlenden Werten).

Während die Fragen zum *politischen Informationsverhalten*[7] die Häufigkeit von Verhaltensweisen in einem fünfstufigen Antwortformat von „täglich" bis „nie" erfassen, wird für die Erfassung der *affektiven Einstellung zu politischen Verhaltensweisen*[8]

---

7 Beispielitem: „Wie häufig liest du den politischen Teil in der Zeitung?"
8 Beispielitem: „Schüler interessieren sich für ganz unterschiedliche Sachen. Wie sieht das bei dir gerade bei den folgenden Sachen aus? – Den politischen Teil einer Zeitung lesen".

danach gefragt, ob diese Verhaltensweisen „gern" oder „ungern" ausgeübt würden.

Zwei ergänzende Bemerkungen zum Messmodell in Abb. 2: Zum einen zeigt sich in den fünf Messzeitpunkten im Jugendalter, dass das standardisierte Regressionsgewicht des latenten Faktors zweiter Ordnung *politisches Interesse* auf den Faktor erster Ordnung *politisches Informationsverhalten* nahe bei 1.0 liegt. Zugleich bestehen jedoch auch sehr hohe Ladungen auf den zweiten Faktor erster Ordnung. Dieser validiert demnach den Faktor zweiter Ordnung, ohne wesentliche ergänzende Information beizusteuern. Zum anderen sei auf die inhaltliche Bedeutung der beiden Fehlerkorrelationen hingewiesen: Die höchst signifikante und sehr substanzielle Korrelation von beispielsweise .38 im Alter von 14 Jahren erklärt sich u. E. aus dem Umstand, dass die beiden Indikatoren zum kommunikativen Austauschverhalten im Gegensatz zum Lektüre-Item vom allgemeinen, nicht politikspezifischen Grad der Kommunikativität des Individuums und zugleich von Merkmalen außerhalb des Individuums, nämlich der sozialen Umwelt, beeinflusst sind. Durch die Fehlerkorrelation wird diese Gemeinsamkeit aufgefangen. Die entsprechende Korrelation zwischen dem zweiten und dritten Indikator der affektiven Verhaltenspräferenz lässt sich über die gemeinsame sehr hohe „Schwierigkeit" dieser Verhaltensweisen insbesondere im frühen Jugendalter erklären.

Das Messmodell erweist sich für die beiden Geschlechter für alle Messzeitpunkte als metrisch invariant (Steenkamp & Baumgartner, 1998, 80), d.h. die (unstandardisierten) Regressionsgewichte lassen sich für die beiden Geschlechter ohne signifikante Modellverschlechterung gleichsetzen.

4.2.2 Konventionelles politisches Interesse im Erwachsenenalter

Auch im Erwachsenenalter wird *politisches Interesse* als Faktor zweiter Ordnung konzipiert (vgl. Abb. 3). Einer der Faktoren erster Ordnung ist wiederum die *Häufigkeit von politischem Informationsverhalten*[9]. Daneben wurde direkt nach dem *subjektiven politischen Interesse*[10] im engeren Sinne gefragt sowie nach dem *Selbstkonzept der eigenen politischen Kompetenz*[11]. *Politisches Interesse* im

---

9 Beispielitem: „Wie oft üben Sie in Ihrer Freizeit folgende Tätigkeiten aus? – Politik- oder Kulturmagazine lesen"; fünfstufige Antwortvorgabe von „sehr oft" bis „nie".
10 „Wie stark interessieren Sie sich für Politik?"; fünfstufige Antwortvorgabe von „sehr stark" bis „überhaupt nicht".
11 Beispielitem: „Wie ist Ihr Verhältnis zu Politik? – Die Teilnahme an Diskussionen über politische Themen fällt mir leicht"; vierstufige Antwortvorgabe von „trifft genau zu" bis „trifft gar nicht zu".

Sinne einer Nähebeziehung zum Bereich des Politischen steht also als das erklärende Prinzip hinter diesen drei Facetten. Die Homogenität der Ladungen auf die Faktoren erster Ordnung bzw. das *subjektive politische Interesse* und die Anpassungswerte sprechen für die Güte dieses Modells. Auch das Messmodell im Erwachsenenalter kann für die beiden Geschlechter als metrisch invariant gelten.

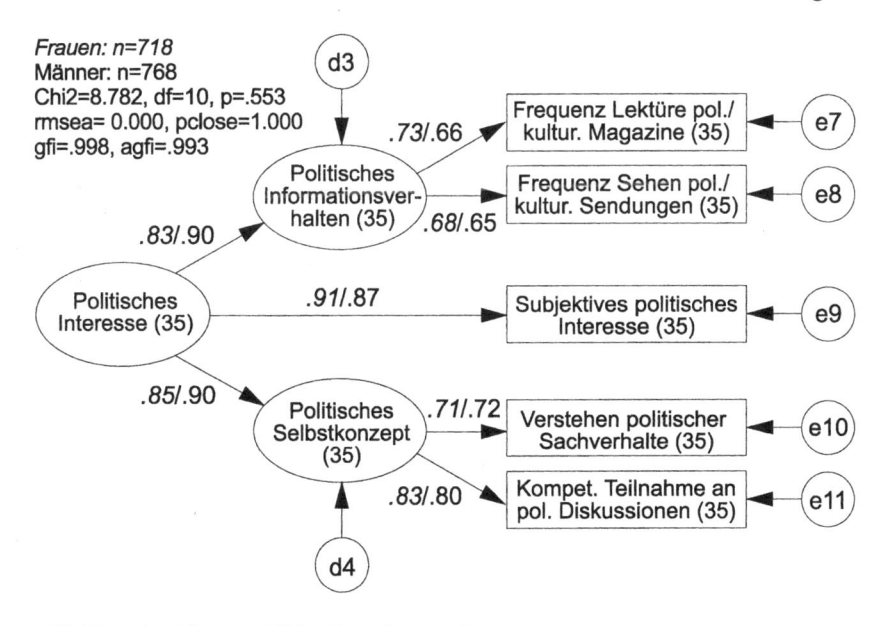

Frauen: n=718
Männer: n=768
Chi2=8.782, df=10, p=.553
rmsea= 0.000, pclose=1.000
gfi=.998, agfi=.993

Abbildung 3: Messmodell im Erwachsenenalter

Anmerkung: Die Fallzahlen beziehen sich wiederum auf die vollständig vorhandene Information auf allen Variablen (listenweiser Ausschluss von fehlenden Werten).

Für die Stabilitätsanalysen ohne Messfehlerkorrektur werden die Items im Sinne der Hierarchie der beiden Modelle in pro Messzeitpunkt z-transformierter Form zu einem Mittelwertscore verrechnet.[12] Für die Analysen der Mittelwertverläufe und insbesondere die latenten Wachstumskurvenmodelle, bei denen die absolute Ausprägung der Werte relevant ist, werden die unterschiedlichen Skalierungen

---

12 Im Gegensatz zum Strukturmodell vereinfachend unter Anwendung identischer Faktorladungen berechnet. Die interne Konsistenz (Cronbachs Alpha) beträgt im Jugendalter mindestens .80 (Ausnahme 12-Jährige mit Alpha = .70); im Erwachsenenalter beläuft sich Alpha auf .84.

durch einen linearen Faktor[13] angeglichen und dann wiederum im Sinne der Modellhierarchie zu einem Mittelwertscore zusammengefasst. Die Korrelationen zwischen den beiden Berechnungsvarianten liegen deutlich über .95. Die Operationalisierung der als Determinanten eingesetzten Konstrukte wird im Rahmen der Ergebnisdarstellung an gegebenem Ort in einer Fußnote beschrieben.

5. Ergebnisse

5.1 Zur Entwicklung von konventionellem politischem Interesse im Jugendalter

Die Entwicklungsverläufe des politischen Interesses im Jugendalter werden hier nicht in der ursprünglichen Metrik abgebildet, sondern mit Hilfe von Mittelwerten, welche am Gesamtmittelwert (Grand Mean) und der mittleren Standardabweichung über alle 5 Messzeitpunkte hinweg standardisiert wurden. Dies erlaubt ein Abschätzen der Effektstärke sowohl von zeitlichen Kontrasten wie von Gruppendifferenzen.

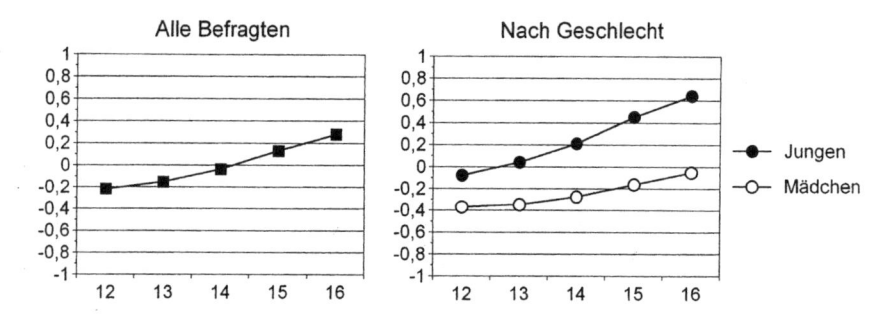

Abbildung 4: Entwicklung des konventionellen politischen Interesses im Jugendalter generell und nach Geschlecht

Anmerkung: Abszisse: Messzeitpunkte repräsentiert über das modale Alter[14]; Ordinate: Global (über Gruppen und Messzeitpunkte hinweg) z-transformierte Werte des politischen Interesses; n pro Messzeitpunkt zwischen 1526 und 1945, vgl. Tab. 3.

Für die Gesamtstichprobe zeigt sich von 12 bis 16 Jahren ein nahezu linearer Anstieg mit minimal zunehmender Steigung (vgl. Abb. 4, links). In den vier Jahren

---

13 Die dichotomen Items zur affektiven Einstellung zu politischen Verhaltensweisen im Jugendalter wurden gegenüber den viergestuften zum politischen Informationsverhalten um den Faktor 2 gespreizt.
14 Der Mittelwert bei der ersten Erhebung Ende Juni 1979 beträgt 12.7 Jahre.

wächst das Interesse um ca. eine halbe mittlere Standardabweichung an. Mit Ausnahme des Schritts von 12 zu 13 sind die Zuwächse bzw. Mittelwertdifferenzen statistisch signifikant.

Ein für die Gesamtstichprobe aufgesetztes latentes Wachstumsmodell mit linearem Anstieg (ohne Abbildung) weist einen signifikanten Chi^2-Wert (Chi^2 = 56.3, df = 10, p < .001) und knapp akzeptable Fit-Werte auf (rmsea = .040, pclose = .941, cfi = .980). Es legt über einen höchst signifikanten Zuwachsterm im Umfang von Δz = 0.12 (p < .001) den Schluss nahe, dass der kollektive Zuwachs als Summe individueller linearer Entwicklungen gedeutet werden darf. Von Jahr zu Jahr nimmt demnach das politische Interesse im Schnitt um ca. eine achtel (mittlere) Standardabweichung zu. Allerdings verweist der sehr unterschiedliche Verlauf der beiden Geschlechter in Abb. 4 auf die Grenzen der Annahme von Homogenität: Mädchen und Jungen unterscheiden sich bereits im Alter von 12 Jahren höchst signifikant bezüglich des konventionellen politischen Interesses. Die Differenz nimmt im Jugendalter weiter zu, es zeigt sich ein deutlicher Schereneffekt.

Dies legt nahe, das latente Wachstumsmodell getrennt für die beiden Geschlechter zu modellieren. Wird dies getan, resultieren tendenziell bessere Fit-Werte (vgl. Abb. 5).

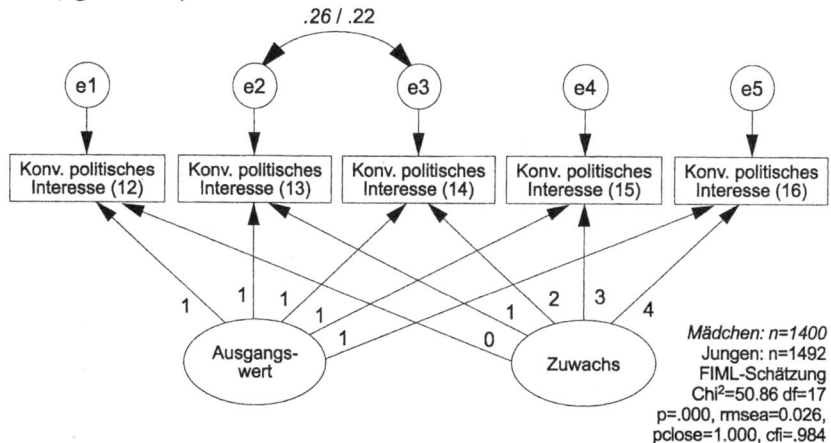

Abbildung 5: Modellierung der Entwicklung des konventionellen politischen Interesses im Jugendalter mittels eines Latent-Growth-Curve-Modells mit manifesten Scorewerten (multi-group-Vergleich von Mädchen und Jungen)

Anmerkungen: Zur Parameterschätzung mittels FIML-Verfahren vgl. Arbuckle/Wothke (1996). Die Fallzahl bei listenweisem Ausschluss fehlender Werte beliefe sich auf n = 628 (weibliche Jugendliche n = 327, männliche n = 301).

Zwar fällt der Chi^2-Wert noch immer signifikant aus, doch bleibt er innerhalb der Grenze des dreifachen Werts der Freiheitsgrade. Es zeigt sich eine Geschlechterdifferenz, die, sowohl was den Ausgangswert ($\triangle z = .30$, $p < .001$) als auch den Wachstumskoeffizienten ($\triangle z = .09$, $p < .001$) anbelangt, höchst signifikant ist. Damit bestätigt sich der Befund aus den manifesten Mittelwertverläufen in Abb. 4: Das konventionelle politische Interesse der Mädchen ist im Alter von 12 bereits signifikant geringer als das der Jungen und es entwickelt sich bis zum Alter von 16 Jahren weniger stark.

Vergleichen wir die Entwicklung des *gender gap* im Jugendalter mit dessen Ausprägung im Erwachsenenalter, wo das Geschlecht 10.9% der Varianz aufklärt, erhalten wir weitergehenden Aufschluss darüber, wie sich die Geschlechterdifferenz im Jugendalter entwickelt (Tab. 3).

Tabelle 3: Quantifizierung des „gender gap" bezüglich des konventionellen politischen Interesses im Jugendalter und mit 35 Jahren

modales Alter	n w/m	Effektstärke (Eta^2) des Faktors Geschlecht	Effektstärke in Relation zum Erwachsenenalter
12	769/807	4.8%	44%
13	979/966	5.1%	47%
14	962/919	5.6%	51%
15	941/843	8.4%	77%
16	800/726	9.2%	84%
35	737/790	10.9%	100%

Anmerkung: Der Einfluss des Faktors Geschlecht ist zu allen Zeitpunkten auf dem Niveau $p < .001$ signifikant.

Im betrachteten Zeitraum wächst die Geschlechterdifferenz von 44% auf 84% des als Referenzwert gesetzten Effekts mit 35 Jahren. Im frühen bis mittleren Jugendalter passiert also Wesentliches an Formierung geschlechtstypischer Orientierungen. Andererseits ist ebenso viel am Ende der Kindheit im Alter von 12 Jahren bereits vollzogen. Die Geschlechtertypisierung wirkt sich somit bereits zu einem sehr frühen Zeitpunkt auf das gerade aufkeimende Politikinteresse aus. Mit der für die späte Kindheit und das Jugendalter theoretisch proklamierten Flexibilisierung der Geschlechtertypisierung (Trautner, 1997, 185f.; Kasten, 1996, 57ff.) geht in der hier untersuchten Kohorte jedoch nicht eine Reduktion der Geschlechterdifferenz im Politikinteresse einher, sondern sie verstärkt sich bis zum Alter von 16 Jahren zusätzlich. Übereinstimmend mit dem Befund, dass mit 16 Jahren das Differenzniveau des Erwachsenenalters nahezu erreicht ist, d.h. die Schere sich nach 16 nicht mehr wesentlich weiter öffnet, fand Schmid (2004) bei den von ihr untersuchten Gymnasiastinnen und Gymnasiasten im Alter von ca.

16 bis 19 Jahren eine weitgehend stabile Geschlechterdifferenz im subjektiven Politikinteresse.

5.2 Einflüsse auf das politische Interesse im Jugendalter

Das in einem ersten Schritt betrachtete *elterliche Politikinteresse*[15] (erhoben 1980, d.h. als die Kinder durchschnittlich ein Alter von 13 Jahren hatten[16]) steht im Jugendalter ab 13 Jahren bei Mädchen und Jungen in signifikant positiver Beziehung, auch unter Kontrolle des Faktors Schicht[17] (Tab. 4). Die Geschlechterdifferenzen in der Ausprägung der Partialkorrelationskoeffizienten sind im Jugendalter marginal.

Tabelle 4: Korrelative Übereinstimmung des 1980 erhobenen elterlichen Politikinteresses mit dem konventionellen politischen Interesse der Kinder im Jugendalter und mit 35 Jahren unter Kontrolle des Faktors Schicht des Elternhauses; nach Geschlecht

Alter	n w/m	Pearsons r weibliche Befragte	Pearsons r männliche Befragte
12	289/286	.06 (n.s.)	.09 (n.s.)
13	403/401	.19 (p<.001)	.16 (p<.001)
14	348/345	.12 (p<.05)	.19 (p<.001)
15	321/296	.23 (p<.001)	.24 (p<.001)
16	282/275	.24 (p<.001)	.21 (p<.001)
35	254/297	.24 (p<.001)	.15 (p<.001)

Um über diese korrelativen Beziehungen hinaus Aufschluss über differenzielle Entwicklungen von weiblichen und männlichen Jugendlichen mit politisch eher interessierten vs. eher uninteressierten Eltern zu erhalten, wird die Entwicklung der mittleren Interessewerte von vier entsprechend gebildeten Gruppen in den Blick genommen (Abb. 6).

---

15 Skala basierend auf 5 Items zum politischen Informations- und Austauschverhalten mit einer internen Konsistenz von Alpha = .76. Beispielitem: „Was machen Sie häufig in Ihrer Freizeit, und zwar allein oder zusammen mit anderen Erwachsenen (z.B. Ihrem Ehepartner, Ihren Bekannten)? – Fernseh-/Rundfunksendungen über politische Themen sehen/hören (z.B. Politik-, Wirtschafts-, Kulturmagazine, Presseschau)"; Antwortvorgabe vierstufig von „mehrmals in der Woche" bis „fast nie"; Trennschärfe dieses Items = .55.
16 Mangels weiterer Messzeitpunkte für das Politikinteresse der Eltern muss hier vereinfachend angenommen werden, dieses sei über den betrachteten Zeitraum stabil.
17 Die soziale Schicht des Elternhauses wurde unter Rückgriff auf den väterlichen Beruf nach einem modifizierten Schema von Kleining und Moore (1968) siebenstufig codiert.

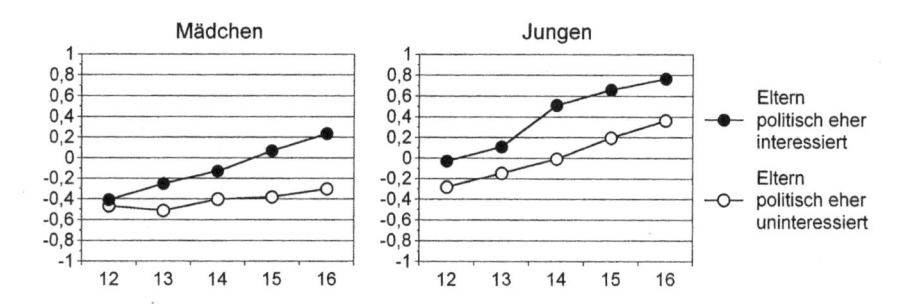

Abbildung 6: Entwicklung des konventionellen politischen Interesses von Mädchen und Jungen im Jugendalter in Abhängigkeit vom Politikinteresse der Eltern

Anmerkungen: Abszisse: Messzeitpunkte repräsentiert über das modale Alter; Ordinate: Global (über Gruppen und Messzeitpunkte hinweg) z-transformierte Werte des politischen Interesses; Bildung der beiden Gruppen mit unterschiedlichem Elterninteresse durch Mediansplit; minimale Fallzahl pro Gruppe und Messzeitpunkt n = 132; vgl. auch Tab. 4.

Für die beiden Gruppen von Mädchen zeigt sich von 12 bis 16 Jahren ein etwas stärkerer Schereneffekt als für die entsprechenden Jungengruppen. Aufschlussreich ist der Befund, dass Mädchen mit politisch weniger interessierten Eltern mit $\triangle z_{12-16} = 0.17$ ($t_{(99)} = 2.42$, $p < .05$) von 12 bis 16 Jahren nur einen sehr geringen, knapp signifikanten mittleren Zuwachs aufweisen. Jungen haben demgegenüber auch ohne politisch interessierte Eltern eine gewisse Chance, selbst politisches Interesse zu entwickeln ($\triangle z_{12-16} = 0.64$; $t_{(99)} = 6.08$, $p < .001$). Die Eltern erweisen sich in diesem Gruppenvergleich – in gewissem Gegensatz zur korrelativ-linearen Betrachtungsweise – was das Wecken von politischem Interesse anbelangt, für Mädchen zunehmend wichtiger denn für Jungen. In längerfristiger Perspektive verstärkt sich dies noch. Aus der untersten Zeile von Tabelle 4 kann errechnet werden, dass das elterliche Politikinteresse im Erwachsenenalter für die weiblichen Befragten einen Anteil von 5.8% (ohne Kontrolle der sozialen Schicht: 8.0%) der Varianz im konventionellen Politikinteresse aufklärt, für die männlichen Befragten dagegen nur von 2.3% (ohne Kontrolle der sozialen Schicht: 4.2%; vgl. auch die multiple Regression in Abschnitt 5.4).

Was die in der zweiten Elternbefragung von 1982 erhobene *elterliche politische Progressivität*[18] betrifft, zeigen sich im frühen Jugendalter von 12 bis 14

---

18 Skala basierend auf 3 Items zur Einstellung zu kontroversen politischen Fragen mit einer internen Konsistenz von Alpha = .79. Beispielitem: „In der letzten Zeit kommt es häufig zu Protestaktionen von Bürgern gegen den Bau neuer Atomkraftwerke. Was halten Sie von solchen Protestaktionen?"; Antwortvorgaben 5-stufig von „halte ich für richtig und könnte mir vorstellen,

Entwicklung und Stabilität von konventionellem politischem Interesse 79

Jahren signifikante Partialkorrelationen (unter Kontrolle der sozialen Schicht) mit dem konventionellen politischen Interesse der Mädchen, nicht aber der Jungen (vgl. Tab. 5). Die Annahme einer selektiven Bedeutung der politischen Einstellung der Eltern für das Politikinteresse der Mädchen findet zumindest für das frühe Jugendalter Bestätigung.

Tabelle 5: Korrelative Übereinstimmung der elterlichen politischen Progressivität mit dem konventionellen politischen Interesse der Kinder im Jugendalter und mit 35 Jahren; nach Geschlecht, unter Kontrolle des Faktors Schicht

Alter	n w/m	Pearsons r weibliche Befragte	Pearsons r männliche Befragte
12	181/173	.22 (p<.01)	.02 (n.s.)
13	226/222	.18 (p<.01)	.05 (n.s.)
14	234/220	.20 (p<.01)	.01 (n.s.)
15	264/245	.11 (n.s.)	.04 (n.s.)
16	218/207	.11 (n.s.)	-.05 (n.s.)
35	186/185	.07 (n.s.)	.11 (n.s.)

Werden zur Veranschaulichung wiederum die Verläufe der z-transformierten Mittelwerte der nach der elterlichen Progressivität (median-) dichotomisierten Gruppen getrennt nach Geschlecht betrachtet, zeigt sich deutlich die Interaktion mit dem Faktor Geschlecht (vgl. Abb. 7): Für die Mädchen ist die elterliche Progressivität relevant, für die Jungen (praktisch) nicht. Im Gegensatz zum Politikinteresse zeigt sich jedoch keine wesentliche Differenz in der Steigung der Verlaufskurve.

Werden nun die Wirkungen beider Faktoren (elterliches Politikinteresse und elterliche politische Progressivität) im bereits eingeführten latenten Wachstumsmodell für beide Geschlechter getrennt linear modelliert, zeigen sich aufgrund der zwischen ihnen bestehenden Korrelation ($r = .19$, $p < .01$) etwas geringere Effekte, die jedoch von der Grundcharakteristik her die Einzelbefunde bestätigen (vgl. Abbildung 8).

---

selbst daran teilzunehmen" bis „halte ich für falsch und finde, man sollte dagegen einschreiten"; Trennschärfe dieses Items = .70.

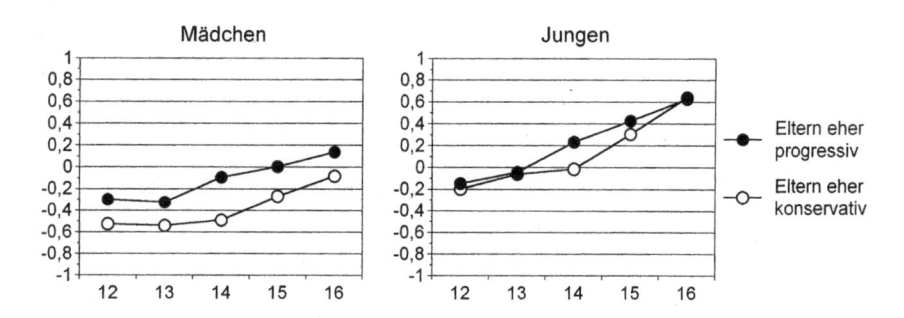

Abbildung 7: Entwicklung des konventionellen politischen Interesses von Mädchen und Jungen im Jugendalter in Abhängigkeit von der elterlichen politischen Progressivität

Anmerkungen: Abszisse: Messzeitpunkte repräsentiert über das modale Alter; Ordinate: Global (über Gruppen und Messzeitpunkte hinweg) z-transformierte Werte des politischen Interesses; Bildung der beiden Gruppen mit unterschiedlicher elterlicher Progressivität durch Mediansplit; minimale Fallzahl pro Gruppe und Messzeitpunkt n = 79; vgl. auch Tab. 5.

Das *Politikinteresse der Eltern* wirkt sich auf den Ausgangswert der Jungen stärker aus als auf den der Mädchen (β = .23, p = .005 gegenüber β = .13, p = .099). Die frühere politische Entwicklung der Jungen scheint in einem Zusammenhang zu stehen mit der früheren Sensibilität für elterliche Einflüsse. Demgegenüber zeigt sich der Zuwachswert der Mädchen (β = .24, p < .003) etwas stärker vom elterlichen Politikinteresse beeinflusst als derjenige der Jungen (β = .17, p = .079).

Elterliche politische Progressivität führt – in Bestätigung der theoretischen Annahmen – nur bei den Mädchen zu einem höheren Ausgangswert des politischen Interesses (β = .32, p < .001, gegenüber β = .04, n.s.). Allerdings verweist der zwar nicht signifikante negative Zuwachsterm der Mädchen von β = -.10 darauf, dass sich der Elterneffekt im Verlauf des Jugendalters tendenziell abschwächt.

Die dokumentierten Geschlechterdifferenzen in den Parametern sind nur vergleichsweise gering ausgeprägt. In entsprechenden Chi²-Differenztests erweist sich einzig die Wirkung der elterlichen Progressivität auf den Ausgangswert des politischen Interesses als tendenziell signifikant ($\triangle Chi^2$ = 2.717, $\triangle df$ = 1, p = .099). Das hängt auch mit der vergleichsweise geringen Fallzahl zusammen, die sich aus der Kombination der beiden Elternbefragungen (mit je begrenztem n, vgl. Abb. 1) ergibt.

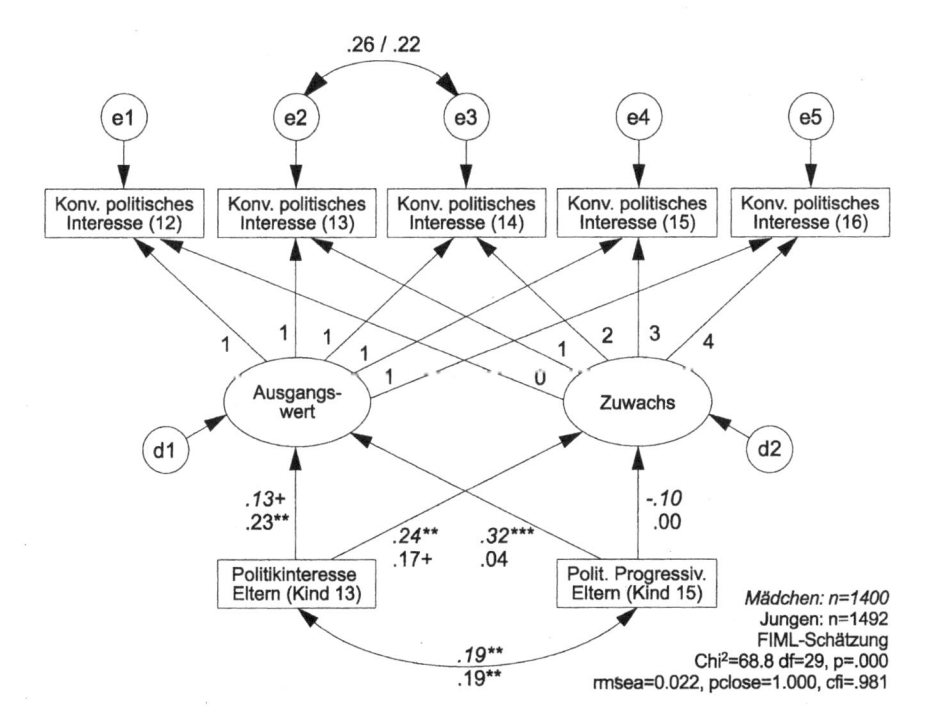

Abbildung 8: Entwicklung von konventionellem politischem Interesse im Jugendalter in Abhängigkeit von Politikinteresse und politischer Progressivität der Eltern

Anmerkungen: Die angegebene Fallzahl entspricht der maximalen Datengrundlage, auf der basierend im „Full Information Maximum Likelihood-Verfahren" (Arbuckle & Wothke, 1996) die Parameter geschätzt werden; die Fallzahl bei listenweisem Ausschluss fehlender Werte beliefe sich auf n = 203 (weibliche Jugendliche n = 106, männliche n = 97).

5.3 Zur Stabilität von politischem Interesse vom Jugend- ins Erwachsenenalter

Die Frage nach der langfristigen Stabilität wird basierend auf dem in Abbildung 9 abgedruckten Modell beantwortet.

Dieses Modell erweist sich als geeignet für den Vergleich der Gruppen der Frauen und Männer, weil für alle fünf Varianten (von 12, 13, 14, 15 und 16 Jahren zu jeweils 35 Jahren) metrische Invarianz bzw. Tau-Äquivalenz belegbar ist (Steenkamp & Baumgartner, 1998).

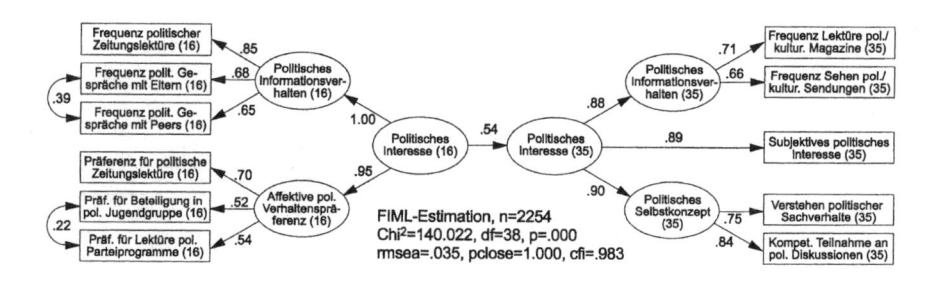

Abbildung 9: Strukturmodell zur Stabilität vom Jugend- ins Erwachsenenalter (beispielhaft dokumentiert sind die Kennwerte für das Modell 16 bis 35 Jahre); ohne Hauptschüler/innen

Anmerkung: Residualterme nicht abgebildet; die Fallzahl beliefe sich bei listenweisem Ausschluss fehlender Werte auf n = 892.

Der standardisierte Regressionskoeffizient β, der in Abb. 9 zwischen dem konventionellen politischen Interesse mit 16 und mit 35 Jahren .54 (p < .001) beträgt, steht für die relative bzw. positionale Stabilität über 19 Jahre hinweg. Er sagt nichts aus über die absolute Höhe des Merkmals zu beiden Zeitpunkten (vgl. etwa Urban, 2000, 12ff.), sehr wohl aber über den Grad der Verschiebungen von Messwerten von Personen zueinander innerhalb der Stichprobe. Für Aussagen zur absoluten Höhe des Merkmals zu zwei oder mehr Messzeitpunkten wären identische Operationalisierungen erforderlich, die hier im Gegensatz zur Situation innerhalb des Jugendalters (s.o.) für das Erwachsenenalter nicht gegeben sind. Andererseits erlaubt der standardisierte Regressionskoeffizient in quadrierter Form eine Quantifizierung des vorhersagbaren Varianzanteils in Prozenten (Determinantionskoeffizient $β^2$). Einem β- bzw. Stabilitätskoeffizienten von .54 entspräche demnach ein prädizierbarer Varianzanteil von 28.6%.

Würde auf das Modell in Abb. 9 anstelle der FIML-Schätzung (Arbuckle & Wothke, 1996) der normale ML-Algorithmus basierend auf Daten mit paarweise ausgeschlossenen fehlenden Werten angewendet, ergäben sich sowohl für die Beta-Koeffizienten wie auch die Fit-Indizes nur sehr geringe Änderungen. Der Koeffizient für die positionale Stabilität des latenten Konstrukts von 16 zu 35 Jahren betrüge beispielsweise β = .530 (p < .001) statt .542 (p < .001). Das Anpassungsmaß cfi beliefe sich auf .988 gegenüber .983 für die FIML-Variante.

Werden nun auf der Grundlage dieses Strukturmodells die Stabilitäten für konventionelles politisches Interesse von 12 bis 16 Jahren jeweils zu 35 Jahren berechnet, ergibt sich ein nicht ganz linear verlaufender Anstieg (vgl. Abb. 10).

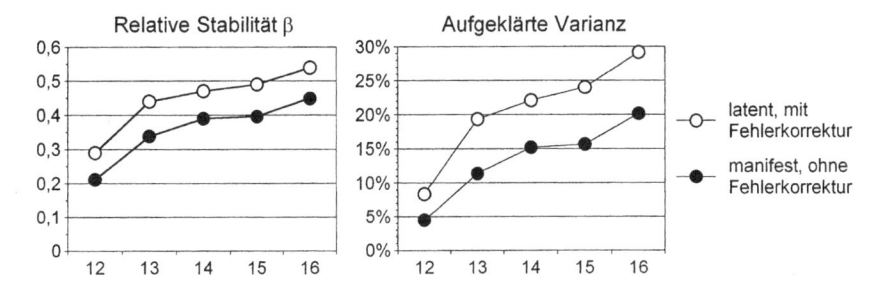

Abbildung 10: Stabilität von konventionellem politischem Interesse vom Jugendalter ins Erwachsenenalter (35 Jahre); ohne Hauptschüler/innen[19]

Anmerkungen: Abszisse: Messzeitpunkte repräsentiert über das modale Alter; Ordinate links: β-Koeffizient; Ordinate rechts: durch das politische Interesse im entsprechenden Alter aufgeklärter Varianzanteil im politischen Interesse mit 35 Jahren; die Fallzahl beträge bei listenweisem Ausschluss fehlender Werte (innerhalb jedes Messzeitpunkts) zwischen n = 694 und n = 892.

Die Verlaufskurve zeigt einen leicht überproportionalen Anstieg der Stabilität von 15 zu 16 Jahren. Zwischen 13 und 15 ist eine Plateauphase feststellbar. Am stärksten ausgeprägt ist der Zuwachs an Stabilität aber im frühen Jugendalter zwischen 12 und 13 Jahren. Hier passiert demnach in differentieller Perspektive vieles an relativer Verfestigung und Annäherung an den Zustand im Erwachsenenalter. Inhaltlich deuten lässt sich der Stabilitätszuwachs von 12 bis 13 Jahren als erstes Erwachen eines politischen Bewusstseins, wobei die minderungskorrigierte Stabilität mit 13 einer aufgeklärten Varianz von bereits nahezu 20% entspricht (vgl. Abb. 10, rechts). Die maximale Stabilität ins Erwachsenenalter im betrachteten Altersabschnitt liegt mit ca. 29% bei 16 Jahren.

---

19 Wie bereits erwähnt, konnten unter den 16-Jährigen nur wenige der bereits von der Schule abgegangenen Hauptschüler/innen für eine (postalische) Teilnahme gewonnen werden. Da sich Hauptschüler/innen zwar nicht bezogen auf die *Höhe* des konventionellen Politikinteresses von den anderen Bildungsgängen unterscheiden, aber doch recht deutlich bezogen auf die *Stabilität*, sind die Stabilitätsverläufe über alle fünf Messzeitpunkte hinweg unter Ausschluss der Hauptschüler/innen berechnet worden. Würden die Hauptschüler/innen von 12 bis 15 einbezogen, lägen die Stabilitätskoeffizienten marginal tiefer, nämlich um etwa .02 bis .04. Das erscheint nicht viel, aber es resultierte ein stärkerer „Knick" im Alter von 15 Jahren bzw. ein größerer Anstieg der Stabilität von 15 zu 16 Jahren, der in dieser Form inhaltlich nicht gedeckt wäre und zu Fehlschlüssen führen könnte.

Wird die Stabilitätsanalyse für die beiden Geschlechter getrennt durchgeführt, wird deutlich, dass Jungen dazu tendieren, früher festgelegt zu sein (mit 12 Jahren ca. 6.8% Varianzaufklärung im Vergleich zu 1.2% bei den Mädchen; vgl. Abb. 11, links). Die Mädchen holen aber auf und überholen die Jungen bis 14. Zwischen 15 und 16 Jahren erfolgt bei den Jungen eine Konsolidierung in vergleichsweise hohem Ausmaß, während bei den Mädchen die Stabilität stagniert oder sogar minimal rückläufig ist. Bei diesen Vergleichen ist zu berücksichtigen, dass der Stabilitätskoeffizient eine Funktion bezogen auf die jeweilige Referenzgruppe ist. Variieren deren Charakteristika, beeinflusst dies die Stabilitätsberechnung. So fällt bei der getrennten Betrachtung der Geschlechter das absolute Niveau des Determinationskoeffizienten etwas tiefer aus, weil die Varianz des Politikinteresses in den Teilgruppen reduziert ist.

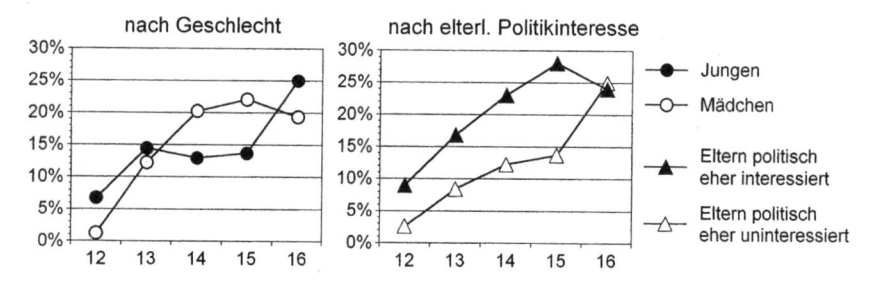

Abbildung 11: Stabilität des konventionellen politischen Interesses vom Jugendalter ins Erwachsenenalter (35 Jahre) nach Geschlecht und elterlichem Politikinteresse; ohne Hauptschüler/innen

Anmerkung: Abszisse: Messzeitpunkte repräsentiert über das modale Alter; Ordinate: durch das politische Interesse im entsprechenden Alter aufgeklärter messfehlerkorrigierter Varianzanteil im politischen Interesse mit 35 Jahren.

Aufschlussreich ist die „Wirkung" des elterlichen Politikinteresses auf die Stabilität des langfristigen Politikinteresses (Abb. 11, rechts). Die im Alter von 12 bis 15 Jahren sehr ausgeprägte stabilitätsbezogene Differenz zwischen den Jugendlichen mit interessierten vs. uninteressierten Eltern lässt die Interpretation zu, dass nicht nur, wie oben belegt wurde, die Höhe des Politikinteresses beeinflusst wird, sondern auch der Grad der Festigung. Es erfolgen demnach frühere Festlegungen, die allerdings nicht nur zu einem mit den Eltern übereinstimmend hohen Interesse, sondern ebenso zu bewusster Distanzierung von Politik führen können. Nur so lässt sich die Varianz erklären, die für die festgestellte Stabilität erforderlich ist. Diese Überlegung hilft auch bei der Interpretation des Phänomens zwischen 15 und 16 Jahren, wo sich die Differenz der beiden Gruppen schlagartig ausgleicht. Es scheint gegenüber dem frühen Jugendalter eine neue Qualität der Auseinandersetzung zu erfolgen, welche die noch Undefinierten in kurzer Zeit zu Festlegungen führt, und die aufgrund der Elternwirkung bereits in höherem Maße festgelegten etwas „erschüttert".

Wird obige Analyse nach Geschlecht differenziert, zeigen sich überraschend divergente Muster (vgl. Abb. 12). Ein Effekt des elterlichen Politikinteresses auf die Stabilität ist nur für die Jungen feststellbar, kaum aber für die Mädchen.

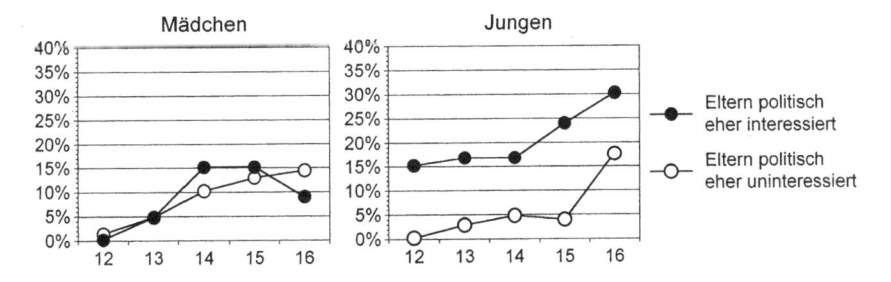

Abbildung 12: Stabilität des konventionellen politischen Interesses vom Jugend- ins Erwachsenenalter (35) in Abhängigkeit vom elterlichen Politikinteresse nach Geschlecht; ohne Hauptschüler/innen

Anmerkung: Abszisse: Messzeitpunkte repräsentiert über das modale Alter; Ordinate: durch das politische Interesse im entsprechenden Alter aufgeklärter messfehlerkorrigierter Varianzanteil im politischen Interesse mit 35 Jahren.

Jungen mit unterdurchschnittlich interessierten Eltern sind bezogen auf ihr Politikinteresse bis 15 kaum festgelegt, erfahren dann aber bis 16 einen eigentlichen Schub. Demgegenüber sind Jungen mit politisch überdurchschnittlich interessierten Eltern bereits mit 12 praktisch im selben Maße festgelegt wie die Jungen mit uninteressierten Eltern im Alter von 16. Bei den Mädchen erfolgt die Festlegung – nicht aber, wie wir weiter vorne gesehen haben, die Entwicklung der Höhe des Politikinteresses – relativ unabhängig vom elterlichen Politikinteresse. Der Prozess gestaltet sich bei Mädchen mit politisch uninteressierten Eltern betont kontinuierlich. Sind die Eltern hingegen politisch interessiert, wird bereits mit 14 ein Stabilitätsmaximum erreicht, mit 16 geht die Stabilität merklich zurück. Dies ließe sich durch eine vorübergehende Distanzierung von der Elternposition erklären.

5.4 Zur langfristigen Wirkung von sozialen Kontexten im Jugendalter auf das konventionelle politische Interesse im Erwachsenenalter

Um Antworten auf die dritte Fragestellung zu erhalten, setzen wir die (manifesten) Interessewerte im Alter von 35 Jahren im Rahmen eines nach Geschlecht getrennt berechneten linearen Regressionsmodells zu einer Reihe von Faktoren im Jugendalter in Beziehung. Das Schwergewicht wird hierbei auf sozialstrukturelle, familiale und schulische Kontextfaktoren gelegt. Ergänzt werden diese um Indikatoren zur politischen Sozialisation im Jugendalter und um das Niveau des höchsten Schulabschlusses (vgl. Tab. 6).

Tabelle 6 dokumentiert die rekonstruierbaren Einflüsse in Form von aufgeklärten Varianzanteilen. Das gewählte sequenziell orthogonale Vorgehen soll sicherstellen, dass die Kontextfaktoren „zu ihrem Recht" kommen. Dort wo sie bereits im Alter von 15 Jahren ihre Wirkung entfaltet haben, würden sie bei simultaner Berechnung im globalen Interessewert mit 15 untergehen. Das Platzieren der zwei Dummyvariablen zum höchsten Schulabschluss an letzter Stelle führt dazu, dass mit dem Schulabschluss kovariierende Faktoren, wie etwa das politische Wissen und auch die in der Schulklasse herrschende Statusrelevanz von politischen Interessen, eine Aufwertung erfahren. Es kann jedoch festgehalten werden, dass dies für die Beteiligung an schulischer Mitbestimmung nicht gilt. Sie ist in einem umgestellten Modell mit priorisiertem Einbezug des Schulabschlusses für beide Geschlechter praktisch gleich prädiktiv (ohne Abb.). Die Statusrelevanz von politischen Interessen andererseits erweist sich selbst unter diesen „günstigen" Bedingungen als langfristig irrelevant. Einzig das politische Wissen wird insofern überschätzt, als ein beträchtlicher Teil mit dem Schulabschluss kovariiert. Wird das politische Wissen nach dem Schulabschluss einbezogen, reduziert sich dessen prognostische Kraft auf 1.0% (n.s.) für die Frauen und 1.2% (n.s.) für die Männer. Demgegenüber ergibt sich für das politische Interesse bei Priorisierung des Schulabschlusses nur eine sehr geringe Reduktion um je 0.3% für die Frauen und die Männer.

Während die *soziale Herkunft* Männer doch recht deutlich in ihrer langfristigen Entwicklung von politischem Interesse beeinflusst, gilt dies für Frauen nicht. Umgekehrt erweisen sich die *Eltern* bzw. deren Politikinteresse, zum Zeitpunkt als ihr Kind 13 Jahre alt war, auch langfristig als bedeutsam für die politische Sozialisation der weiblichen Kinder, nicht aber der männlichen. Die elterliche Progressivität, im Jugendalter für die Entwicklung von Politikinteresse der Mädchen durchaus erklärungskräftig, spielt langfristig keine Rolle mehr. In Verbindung mit dem ersten Befund kann dies als Indiz dafür gewertet werden, dass die politische Sozialisation der Männer etwas stärker normiert und standardisiert abläuft. Für Frauen sind dagegen die „konkreten Eltern" relevant.

Tabelle 6: Prädiktion von konventionellem politischem Interesse mit 35 Jahren unter Regression auf soziale Kontexte und Personmerkmale im Jugendalter; nach Geschlecht

	Frauen n = 177 (242)		Männer n = 175 (240)	
	R^2	p	R^2	p
Soziale Schicht des Elternhauses	1.1	-	4.8	**(*)
Politikinteresse Eltern (Kind: 13)	6.9	***	2.0	*
Polit. Progressivität Eltern (Kind: 15)	0.1	-	0.7	-
Beteiligungschancen (15)[20]	0.4	-	0.5	-
Statusrelevanz von politisch-kulturellen Interessen (15)[21]	1.2	-(+)	0.3	-
Beteiligung an schulischer Mitbestimmung (15)[22]	2.4	*(*)	0.7	-
Politisches Wissen (15)[23]	3.3	**	4.5	**(*)
Politisches Interesse (15)	2.4	*(*)	4.6	**(*)
Realschulabschluss, mittlere Reife	0.6	-	0.0	-
Abitur, Fachhochschulreife	2.7	*(*)	2.7	*(*)
R^2 total adj.	16.8		16.4	

Anmerkungen: Bestimmung der Regressionsgewichte sequenziell orthogonal in der dokumentierten Reihenfolge; ***: p < .001; **: p < .01; *: p < .05; +: p < .10;
Angaben in Klammern: zusätzliche Signifikanzstufen aufgrund der größeren Fallzahl (vgl. n in Klammern) bei Weglassung des Indikators zur elterlichen Progressivität[24].

---

20 Skala „Statusrelevanz von politisch-kulturellen Interessen" basierend auf 5 Items mit einer internen Konsistenz von Alpha = .62. Die Items fragen danach, welche Rolle ein bestimmtes Merkmal eines Schülers/einer Schülerin, der/die neu in die Klasse kommt, für dessen/deren Akzeptanz spielt. Beispielitem: „Stell dir vor, der neue Schüler/die neue Schülerin interessiert sich sehr für Politik und gesellschaftliche Probleme"; Antwortvorgabe dreistufig: „eher von Nachteil" bis „eher von Vorteil".
21 Skala „Beteiligungschancen" basierend auf 4 Items mit einer internen Konsistenz von Alpha = .43. Beispielitem: „Die Lehrer fragen uns häufig nach unserer Meinung, wenn etwas entschieden oder geplant werden soll." Antwortvorgabe fünfstufig: „stimmt völlig" bis „stimmt gar nicht".
22 Skala „Beteiligung an schulischer Mitbestimmung" basierend auf 8 Items mit einer internen Konsistenz von Alpha = .70. Beispielitem: „Kreuze an, ob du sowas schon einmal gemacht hast: – In der Schülervertretung der Schule (Schülermitverwaltung) mitgearbeitet"; Antwortvorgabe zweistufig: „schon mal gemacht" und „noch nie gemacht".
23 Politischer Wissenstest basierend auf 6 Items mit einer internen Konsistenz von Alpha = .82. Beispielitem: „Aufgabe des Bundestages ist es ..."; mit 5 Antwortvarianten.
24 Wird auf den Indikator der elterlichen Progressivität, der als einziger aus der zweiten Elternbefragung von 1982 stammt, verzichtet, nimmt die Fallzahl zu (bei listenweisem Ausschluss von missings von 352 auf 482) und es ergeben sich, bei praktisch unveränderten Beta-Gewichten bzw. aufgeklärten Varianzanteilen, teilweise höhere Signifikanzstufen, ohne dass dadurch jedoch nicht signifikante Effekte Signifikanz erreichen würden.

Schule ist in Form des vermittelten politischen Wissens relevant, schulische und schulkulturelle Kontexte, wie etwa die von den Schülerinnen im Alter von 15 Jahren wahrgenommenen Beteiligungschancen und die in der Klasse perzipierte Statusrelevanz von Politikinteresse (im Sinne einer Klassennorm) sind es dagegen kaum. Einzig das Ausmaß der Beteiligung an schulischer Mitbestimmung erweist sich als prädiktiv. Dieser Indikator widerspiegelt jedoch neben Aspekten des Kontextes auch individuelle Interessen und Bereitschaften und kann deshalb nicht einfach als reiner Kontextfaktor interpretiert werden. Es lässt sich jedoch sagen, dass, wenn Frauen (nicht aber Männer) im Alter von 15 Jahren den Schritt zu einem öffentlichen Engagement in Fragen der schulischen Mitbestimmung machen, dies auch langfristig in einem erhöhten politischen Interesse zum Ausdruck kommt. Dass der Abschluss der Schulbildung mit Abitur oder Fachhochschulreife nach Kontrolle der Kontexteffekte und des individuellen Levels an politischem Wissen und Interesse noch gegen 3% Varianz aufklärt, verweist darauf, dass der Schulabschluss über den inhaltlichen Bildungseffekt in Form des politischen Wissens hinaus qua sozialen Status politisches Interesse vorauszusagen geeignet ist.

6. Diskussion

Die Hauptfragestellung kann deutlich positiv beantwortet werden. Dass das Jugendalter eine bedeutsame Phase der Entwicklung von konventionellem politischem Interesse darstellt, lässt sich erstens aus den manifest berechneten und latent modellierten *Mittelwertverläufen* ablesen, in denen sich für die Gesamtstichprobe zwischen 12 und 16 Jahren signifikante und mit einer jährlichen Zuwachsrate von einer achtel Standardabweichung substanzielle Entwicklungen zeigen.

Aber auch die *differentiellen Analysen* bestätigen die Charakterisierung des betrachteten Altersabschnitts als Phase, in der zwar nicht gerade Weichen zu fortan strikt getrennten Wegen gestellt werden, in der aber doch Wege eingeschlagen werden, die zunehmend weniger wahrscheinlich wieder verlassen werden. Als bedeutsam erweist sich insbesondere die Kategorie Geschlecht. So findet im betrachteten Altersabschnitt von 12 bis 16 Jahren nahezu eine Verdoppelung der Geschlechterdifferenz im Politikinteresse statt. Nach 16 Jahren nimmt diese Differenz nur noch wenig zu. Andererseits verweist der Umstand, dass sich Mädchen und Jungen bereits im Alter von 12 Jahren sehr deutlich unterscheiden, darauf, dass die Entwicklung von Politikinteresse in der fokussierten Kohorte (mit Geburtsjahr 1967) bereits vorher begonnen hat.

Schließlich macht die Quantifizierung der *Stabilität vom Jugend- ins Erwachsenenalter* deutlich, dass in der untersuchten Alterskohorte bei den Mädchen ab 13 Jahren, bei den Jungen bereits ab 12 Jahren erste Kontinuitäten bis ins Erwachsenenalter nachweisbar sind. Die relative Stabilität nimmt bis 16 Jahre deutlich zu und liegt dann unter Berücksichtigung des Messfehlers in der Gesamtstichprobe bei fast 30% aufgeklärter Varianz. Mit Blick auf die Studie von Krampen, wo sich für drei verwandte Konstrukte zwischen ca. 15 und 22 Jahren manifeste Stabilitäten in der Höhe von etwa .60 – entsprechend 36% aufgeklärter Varianz – zeigten, ist zu vermuten, dass die Stabilität zwischen 22 und 35 Jahren vergleichsweise größer ist als zwischen 16 und 22 Jahren.

Der Einfluss des *elterlichen Politikinteresses* auf dasjenige der Heranwachsenden ist zwar substanziell, in der Effektstärke jedoch begrenzt. Für Frauen sind die Eltern bezüglich der Entwicklung von politischem Interesse insbesondere langfristig bedeutsamer als für Männer. Für die weiblichen Jugendlichen zeigt sich im Jugendalter, nicht mehr aber im Erwachsenenalter, zusätzlich ein Effekt der *elterlichen politischen Progressivität*. Im Gegensatz zu diesen Befunden sind bezogen auf die langfristige Transmission von *Ausländerablehnung* die Eltern weitaus wichtiger für Männer als für Frauen (Grob, 2005). Familiale Übertragungsprozesse sind demnach nicht losgelöst von der Inhaltsdimension zu sehen.

Die Daten sprechen dafür, dass das elterliche Politikinteresse nicht nur einen Anstieg der mittleren Interessewerte, sondern allgemein eine *Bewusstwerdung des Bereichs und Selbstpositionierung zum Bereich des Politischen* bewirkt, gerade bei den männlichen Jugendlichen. Haben diese überdurchschnittlich interessierte Eltern, beginnt diese Entwicklung, die auch zur Distanzierung vom Bereich der Politik führen kann, weitaus früher und mit mehr Kontinuität ins Erwachsenenalter, als bei Jungen mit politisch weniger interessierten Eltern.

Schulische Kontextmerkmale sind für die Entwicklung von politischem Interesse erstaunlich wenig bedeutsam. Auch der Schultyp – im Sinne eines sozialen Kontextes – spielt, bei Kontrolle des durchaus relevanten politischen Wissens, längerfristig nur eine begrenzte Rolle. Im Gegensatz dazu ist der höchste Schulabschluss deutlich stärker prädiktiv. Dies möglicherweise deshalb, weil daran in höherem Maße bzw. in stabilerer Weise berufliche und soziale (Entwicklungs-) Muster gekoppelt sind, die für das politische Interesse relevant werden.

Literatur

Arbuckle, J. L. & Wothke, W. (1996). Full Information Estimation in the Presence of Incomplete Data. In G. A. Marcoulides & R. E. Schumacker (Eds.), *Advanced Structural Equation Modeling* (pp. 243-277). Mahwah, NJ: Lawrence Erlbaum Associates.

Baltes, P. B., Lindenberger, U. & Staudinger, U. M. (1998). Life-Span Theory in Developmental Psychology. In R. M. Lerner (Ed.), *Handbook of Child Psychology* (Vol.1, pp. 1029-1143). New York: Wiley.

Berger, F., Grob, U., Fend, H. & Lauterbach, W. (2005). Möglichkeiten zur Optimierung der Rücklaufquote in postalischen Befragungen. *Zeitschrift für Soziologie der Erziehung und Sozialisation, 25,* (1), 99-107.

Berger, P. & Luckmann, T. (1977). *Die gesellschaftliche Konstruktion der Wirklichkeit.* (Erstauflage: 1966). Frankfurt/M.: Fischer.

Bilden, H. (1991). Geschlechtsspezifische Sozialisation. In K. Hurrelmann (Hrsg.), *Neues Handbuch der Sozialisationsforschung* (S. 279-301). Weinheim: Beltz.

Buhl, M. (2003). *Jugend, Familie, Politik. Familiale Bedingungen und politische Orientierungen im Jugendalter.* Opladen: Leske + Budrich.

Caldwell, B. M. (1964). The Effects of Infant Care. In M. L. Hoffman & L. W. Hoffman (Eds.), *Review of Child Development Research* (Vol. 1). New York: Russell Sage Foundation.

Claußen, B. (1996). Politisches Lernen am beruflichen Arbeitsplatz zwischen Broterwerb und kollegialer Solidargemeinschaft. In B. Claußen & R. Geißler (Hrsg.), *Die Politisierung des Menschen: Instanzen der politischen Sozialisation* (S. 113-147). Opladen: Leske + Budrich.

Dietzinger, A. (2000). Umbrüche in den Geschlechterbeziehungen – alte und neue Konfliktlinien. In M. Oechsle & K. Wetterau (Hrsg.), *Politische Bildung und Geschlechterverhältnis* (S. 77-99). Opladen: Leske + Budrich.

Fend, H. (1969). *Sozialisation und Erziehung.* Weinheim: Beltz.

Fend, H. (1991). *Identitätsentwicklung in der Adoleszenz: Lebensentwürfe, Selbstfindung und Weltaneignung in beruflichen, familiären und politisch-weltanschaulichen Bereichen.* Bern: Huber.

Fischer, A. (2000). Jugend und Politik. In A. Fischer, Y. Fritzsche, W. Fuchs-Heinritz & R. Münchmeier (Hrsg.), *Jugend 2000. 13. Shell Jugendstudie* (S. 261-282). Opladen: Leske + Budrich.

Geißel, B. (2004). Konflikte um Definitionen und Konzepte in der genderorientierten und Mainstream-Partizipationsforschung – Ein Literaturüberblick. Discussion Paper Nr. SP IV. Wissenschaftszentrum für Sozialforschung Berlin, Forschungsschwerpunkt Zivilgesellschaft, Konflikte und Demokratie. Arbeitsgruppe Politische Öffentlichkeit und Mobilisierung. Berlin: Wissenschaftszentrum.

Geißler, R. (1996). Politische Sozialisation in der Familie. In B. Claußen & R. Geißler (Hrsg.), *Die Politisierung des Menschen. Instanzen der politischen Sozialisation. Ein Handbuch* (S. 51-70). Opladen: Leske + Budrich.

Gille, M., Krüger, W. & de Rijke, J. (2000). Politische Orientierungen. In M. Gille (Hrsg.), *Unzufriedene Demokraten. Politische Orientierungen der 16- bis 29jährigen im vereinigten Deutschland. DJI-Jugendsurvey 2* (S. 205-265). Opladen: Leske + Budrich.

Grob, U. (2005). Kurz- und langfristige intergenerationale Transmission von Ausländerablehnung. *Zeitschrift für Soziologie der Erziehung und Sozialisation, 25,* (1), 32-51.

Hopf, C. & Hopf, W. (1997). *Familie, Persönlichkeit, Politik. Eine Einführung in die politische Sozialisation.* Weinheim: Juventa.

Jacobi, J. (1991). Sind Mädchen unpolitischer als Jungen? In W. Heitmeyer & J. Jacobi (Hrsg.), *Politische Sozialisation und Individualisierung: Perspektiven und Chancen politischer Bildung* (S. 99-116). Weinheim: Juventa.

Jennings, K. & Niemi, R. G. (1974). *The Political Character of Adolescence. The Influences of Families and Schools.* Princeton, NJ: Princeton University Press.

Jennings, K. & Niemi, R. G. (1981). *Generations and Politics.* Princeton, NJ: Princeton University Press.

Jennings, K. & Stoker, L. (2001). *The Persistence of the Past: The Class of 1965 Turns Fifty. Working Paper 2001-16.* Santa Barbara, CA: University of California, Institute of Governmental Studies.

Jennings, K., Stoker, L. & Bowers, J. (2001*). Politics Across Generations: Family Transmission Reexamined. Working Paper 2001-15.* Santa Barbara, CA: University of California, Institute of Governmental Studies.

Kasten, H. (1996). *Weiblich – männlich: Geschlechtsrollen und ihre Entwicklung.* Berlin: Springer.

Kelle, H. (1993). Politische Sozialisation bei Jungen und Mädchen. Kritik und Perspektiven der Forschung. *Feministische Studien, 11,* (1), 126-139.

Keupp, H. & Höfer, R. (1997). *Identitätsarbeit heute. Klassische und aktuelle Perspektiven der Identitätsforschung.* Frankfurt/M.: Suhrkamp.

Kleining, G. & Moore, H. (1968). Soziale Selbsteinstufung (SSE): Ein Instrument zur Messung sozialer Schichten. *Kölner Zeitschrift für Soziologie und Sozialpsychologie, 20,* (3), 502-522.

Krampen, G. (1979). Eine Skala zur Messung der normativen Geschlechtsrollen-Orientierung (GRO-Skala). *Zeitschrift für Soziologie, 8,* (3), 254-266.

Krampen, G. (1991). *Entwicklung politischer Handlungsorientierungen im Jugendalter: Ergebnis einer explorativen Längsschnittsequenz-Studie.* Göttingen: Hogrefe.

Krampen, G. (1998). Vorhersage politischer Partizipation und Entwicklung politischer Handlungsorientierungen im Übergang vom Jugend- zum frühen Erwachsenenalter. Befunde einer Nacherhebung sieben Jahre später. *Zeitschrift für Entwicklungspsychologie und pädagogische Psychologie, 30,* (2), 80-88.

Krapp, A. (1992). Das Interessenkonstrukt. Bestimmungsmerkmale des Interessenhandelns und des individuellen Interesses aus der Sicht einer Person-Gegenstands-Konzeption. In A. Krapp & M. Prenzel (Hrsg.), *Interesse, Lernen, Leistung. Neuere Ansätze der pädagogisch-psychologischen Interessenforschung* (Bd. 24, S. 297-329). Münster: Aschendorff.

Kuhn, H.-P. & Schmid, C. (2004). Politisches Interesse, Mediennutzung und Geschlechterdifferenz. Zwei Thesen zur Erklärung von Geschlechtsunterschieden im politischen Interesse von Jugendlichen. In D. Hoffmann & H. Merkens (Hrsg.), *Jugendsoziologische Sozialisationstheorie. Impulse für die Jugendforschung* (S. 71-89). Weinheim: Juventa.

Niedermayer, O. (2001). *Bürger und Politik.* Wiesbaden: Westdeutscher Verlag.

Nissen, U. (1998). *Kindheit, Geschlecht und Raum.* Weinheim: Juventa.

Reinders, H. (2003). Politische Sozialisation in der Adoleszenz. Eine Re-Interpretation quantitativer Längsschnittuntersuchungen in Deutschland. *Zeitschrift für Entwicklungspsychologie und Pädagogische Psychologie, 35,* (2), 98-110.

Reinhardt, S. & Tillmann, F. (2001). Politische Orientierungen Jugendlicher. Ergebnisse und Interpretationen der Sachsen-Anhalt-Studie „Jugend und Demokratie". *Aus Politik und Zeitgeschichte. Beilage zur Wochenzeitschrift Das Parlament, B45*, 3-13.

Sauer, B. (1994). Was heißt und zu welchem Zwecke partizipieren wir? Kritische Anmerkungen zur Partizipationsforschung. In E. Biester, B. Holland-Cunz & B. Sauer (Hrsg.), *Demokratie oder Androkratie? Theorie und Praxis demokratischer Herrschaft in der feministischen Diskussion* (S. 99-130). Frankfurt: Campus.

Schmid, C. (2004). *Politisches Interesse von Jugendlichen: eine Längsschnittuntersuchung zum Einfluss von Eltern, Gleichaltrigen, Massenmedien und Schulunterricht.* Wiesbaden: Deutscher Universitäts-Verlag.

Schneekloth, U. (2002). Demokratie, ja − Politik, nein? Einstellungen Jugendlicher zur Politik. In K. Hurrelmann & M. Albert (Hrsg.), *Jugend 2002. 14. Shell Jugendstudie* (S. 97-137). Frankfurt/M.: Fischer.

Schneider, H. (1995). Politische Partizipation − zwischen Krise und Wandel. In U. Hoffmann-Lange (Hrsg.), *Jugend und Demokratie in Deutschland* (S. 275-335). Opladen: Leske + Budrich.

Steenkamp, J.-B. E. M. & Baumgartner, H. (1998). Assessing Measurement Invariance in Cross-National Consumer Research. *Journal of Consumer Research, 25*, (June), 78-90.

Todt, E. (1995). Entwicklung des Interesses. In H. Hetzer, E. Todt, I. Seiffge-Krenke & R. Arbinger (Hrsg.), *Angewandte Entwicklungspsychologie des Kindes- und Jugendalters* (S. 213-264). Wiesbaden: Quelle und Meyer (UTB).

Trautner, H. M. (1997). Geschlechtsspezifische Erziehung und Sozialisation. In K. A. Schneewind (Hrsg.), *Psychologie der Erziehung und Sozialisation. Enzyklopädie der Psychologie* (Themenbereich D, Serie I: Pädagogische Psychologie, Bd. 1, S. 167-195). Göttingen: Hogrefe.

Urban, D. (2000). Längsschnittanalysen mit latenten Wachstumsmodellen in der politischen Sozialisationsforschung. *Schriftenreihe des Instituts für Sozialwissenschaften der Universität Stuttgart, No. 2.* Stuttgart: Universität Stuttgart.

van Deth, J. W. (1990). Interest in Politics. In K. M. Jennings & J. W. van Deth (Eds.), *Continuities of Political Action. A Longitudinal Study of Political Orientations in Three Western Democracies* (S. 275-312). Berlin: Walter de Gruyter.

Wasmund, K. (1982). Ist der politische Einfluss der Familie ein Mythos oder eine Realität. In B. Claussen & K. Wasmund (Hrsg.), *Handbuch der politischen Sozialisation* (S. 23-63). Braunschweig: Agentur Pedersen.

Weissberg, R. (1974). *Political Learning, Political Choice and Democratic Citizenship.* Englewood Cliffs, NJ: Prentice Hall.

Westle, B. (2001). Politische Partizipation und Geschlecht. In A. Koch, M. Wasmer & P. Schmidt (Hrsg.), *Politische Partizipation in der Bundesrepublik Deutschland: Empirische Befunde und theoretische Erklärungen* (S. 131-168). Opladen: Leske + Budrich.

Prädiktoren von Leseverständnis bei Kindern deutscher und türkischer Herkunftssprache: Ergebnisse einer Längsschnittstudie

Predictors of reading comprehension among German and Turkish-German bilingual children: Analyses from a longitudinal investigation

Christina K. Limbird, Petra Stanat

Zusammenfassung: Die vorliegende Studie untersucht, inwieweit bei bilingualen Kindern dieselben Faktoren für die Entwicklung von Lesekompetenz in der ersten bis zur dritten Klasse von Bedeutung sind wie für monolinguale Kinder. In einer Stichprobe von 169 Schülerinnen und Schülern (69 monolingual deutschsprachig, 100 bilingual türkisch-deutschsprachig) wurden kognitive Grundfähigkeiten, phonologische Bewusstheit, Wortschatz, verbales Arbeitsgedächtnis, Wortdekodierung und Leseverständnis über einen Zeitraum von zwei Jahren mehrfach erfasst. Da Forschung auf der Grundlage von Modellen der Lesekompetenz wiederholt gezeigt hat, dass phonologische Bewusstheit eine zentrale Rolle für die Leseentwicklung spielt, wurde der Frage nachgegangen, inwieweit dies auch für bilinguale Kinder gilt. Als bilinguale Teilstichprobe wurde die der türkisch-deutschsprachigen Kinder gewählt, da diese zu den größten in Deutschland lebenden Migrantengruppen zählen. Auf der Grundlage früherer Studien zum Zusammenhang zwischen Sprachhintergrund und phonologischer Bewusstheit wurde erwartet, dass bilingual türkisch-deutschsprachige Kinder bessere phonologische Fähigkeiten aufweisen würden als monolingual deutschsprachige Kinder und dass phonologische Bewusstheit bei den bilingualen Kindern ein weniger bedeutsamer Prädiktor von Lesekompetenz sein würde als bei den monolingualen Kindern. Es zeigte sich, dass die türkisch-deutschsprachigen Kinder tendenziell tatsächlich etwas höhere Werte auf den Skalen der phonologischen Bewusstheit erzielten als die ausschließlich deutschsprachigen Kinder. Diese Unterschiede ließen sich jedoch nicht gegen den Zufall absichern. Im Wortschatztest war dagegen ein signifikanter Leistungsnachteil für die bilinguale Gruppe zu verzeichnen. Für die Dekodierfähigkeit und das Leseverständnis wiederum ergaben sich keine nachweisbaren Gruppenunterschiede. Der zweiten Hypothese entsprechend weisen die Ergebnisse einiger Analysen darauf hin, dass phonologische Bewusstheit für die Lesekompetenz türkisch-deutschsprachiger Kinder eine geringere Rolle spielt als für die Lesekompetenz ausschließlich deutschsprachiger Kinder. Die Befunde verdeutlichen, dass es in der Leseforschung notwendig ist, die besondere Situation von Kindern zu berücksichtigen, die unter Bedingungen der Mehrsprachigkeit Lesen lernen.

Abstract: This study examines whether the same component processes are involved in early reading skills for bilingual and monolingual children from the first to the third grade. A sample of 169 children (69 German monolingual, 100 Turkish-German bilingual) was investigated with regard to their non-verbal cognitive abilities, phonological awareness, verbal abilities, short term verbal memory, word decoding and reading comprehension at multiple points of measurement over a two year period. Because models of reading have shown phonological awareness to be one of the essential aspects of developing reading skills, this study placed particular emphasis on enhancing understanding of the role of phonological awareness among the growing number of bilingual children in Germany. Based on a large number of studies relating language experience with phonological skills, it was expected that bilingual children would perform better on tasks involving phonological awareness than would their monolingual peers. It was predicted that the factors involved in reading comprehension would differ between the groups, with phonological awareness demonstrating less importance for the bilingual children. Results indicated that, while the bilingual children scored marginally higher on tasks of phonological awareness, enhanced abilities could not be statistically confirmed. It was clearly demonstrated, however, that the bilingual group performed much more poorly on measures of German vocabulary. No differences between the bilingual and monolingual children were found on measures of word decoding and reading comprehension. Several analyses indicated that phonological awareness played a significantly stronger role in reading comprehension for the monolingual group. It is concluded that the bulk of research on reading is not accounting for the unique characteristics of multilingual children in primary education, and that this deficit urgently needs to be addressed in future research.

1. Einleitung

In den letzten 30 Jahren hat sich die linguistische Landschaft im deutschen Schulsystem deutlich gewandelt. Lehrkräfte haben es nicht mehr nur mit monolingual deutsch aufwachsenden Schülerinnen und Schülern zu tun, sondern sind in ihren Klassen zunehmend mit mehrsprachigen Situationen konfrontiert. Dies stellt insbesondere für den Schriftsprachunterricht eine besondere Herausforderung dar. Um dieser Herausforderung gerecht werden zu können, ist es wichtig, die Prozesse zu verstehen, die der Entwicklung von Lesekompetenz unter Bedingungen der Mehrsprachigkeit zugrunde liegen. Hierüber liegen im deutschen Sprachraum bislang kaum gesicherte Erkenntnisse vor. Die theoretischen Modelle und untersuchten Hypothesen im Bereich Lesen sind überwiegend für monolinguale Populationen entwickelt worden, und es ist wenig darüber bekannt, inwieweit diese auch für bilinguale Kinder Gültigkeit besitzen.

Der vorliegende Beitrag untersucht zentrale Annahmen über die Entwicklung von Lesekompetenz für eine Gruppe mehrsprachig aufwachsender Kinder in Deutschland. Die Forschung zu Bilingualität weist darauf hin, dass einzelne verbale und kognitive Komponenten, die bei dieser Entwicklung eine Rolle spielen, unter Bedingungen der Mehrsprachigkeit mehr oder weniger bedeutsam sein können als unter Bedingungen der Einsprachigkeit. Dabei wird das Hauptaugenmerk auf den Aspekt der phonologischen Bewusstheit gerichtet, die sich als besonders wichtiger Prädiktor von Lesekompetenz erwiesen hat.

1.1 Phonologische Bewusstheit und Sprachhintergrund

Phonologische Bewusstheit wird als die Fähigkeit definiert, Sprache in Lauteinheiten zu segmentieren und auf der Ebene von Silben, Anfangslauten und

Phonemen zu analysieren. Diese Fähigkeit ermöglicht es Kindern, die Lautstruktur von Sprache zu erkennen und zu lernen, sie durch die Differenzierung phonetischer Einheiten zu manipulieren (Näslund & Schneider, 1991). Phonologische Bewusstheit wird stark durch die frühen sprachlichen Erfahrungen von Kindern geprägt. So konnte gezeigt werden, dass frühe Erfahrungen mit Reimen und Wortspielen auf Lautebene die Entwicklung der Fähigkeit, die phonologischen Einheiten von Sprache zu erkennen, fördern (vgl. z.B. Bradley & Bryant, 1985; Mclean, Bryant & Bradley, 1987).

Zu den Einflussfaktoren der phonologischen Bewusstheit scheinen auch die spezifischen Sprachen zu gehören, die in der Kindheit gelernt werden (Durgunoğlu & Öney, 1999). Mehrere Studien weisen darauf hin, dass phonologische Bewusstheit je nach Sprache in unterschiedlichem Maße entwickelt wird. Cossu, Shankweiler, Liberman, Katz und Tola (1988) konnten zum Beispiel zeigen, dass italienische Kinder in Kindergärten und in der ersten Klassenstufe über eine stärker ausgeprägte phonologische Bewusstheit verfügten als englischsprachige Kinder in den USA. Dies führten die Autoren auf die einfachere Vokalstruktur des Italienischen zurück. Caravolas und Bruck (1993) gingen in einer Untersuchung mit tschechisch- und englischsprachigen Kindern davon aus, dass die größere Vielfalt von Anfangssilben im Tschechischen das Niveau und die Muster phonologischer Bewusstheit beeinflusst. Die Ergebnisse der Studie zeigten, dass die tschechischen Kinder nicht nur über ein höheres Maß an phonologischer Bewusstheit verfügten, sondern auch ihre Lesefähigkeit schneller entwickelten.

Neben der Struktur der jeweiligen Sprachen scheinen auch Erfahrungen mit mehreren Sprachsystemen die phonologische Bewusstheit zu beeinflussen. Die Ergebnisse einer Reihe von Studien aus der Bilingualitätsforschung weisen darauf hin, dass mehrsprachige Kinder in einigen Bereichen über bessere phonologische Fähigkeiten verfügen als monolinguale Kinder, wobei das Muster relativer Stärken und Schwächen von den jeweils beteiligten Sprachen abzuhängen scheint. Bruck und Genesee (1995) führten eine der wichtigsten Untersuchungen zu dieser Frage durch. Zu Beginn der Studie waren die englischsprachigen Kinder in ihrer Stichprobe im Vorschulalter. Eine Gruppe besuchte eine Vorschule mit französischsprachigem Immersionsprogramm („bilinguale Gruppe", $N = 91$), während die andere Gruppe in einer englischsprachigen Vorschule unterrichtet wurde („monolinguale Gruppe", $N = 72$). Zum ersten Messzeitpunkt kurz nach Beginn des Programms erzielte die Immersionsgruppe lediglich in einem Test der Wahrnehmung von Anfangslauten geringfügig bessere Leistungen als die monolinguale Gruppe. Ein Jahr später zeigten sich dann jedoch deutlichere Unterschiede in den Profilen phonologischer Bewusstheit zwischen den beiden Gruppen. Während die bilingualen Kinder relative Stärken im Bereich der phonologischen Bewusstheit im weiteren Sinn aufwiesen (z.B. Silbensegmentierung), waren die einsprachigen Kinder im Bereich der phonologischen Bewusstheit im engeren Sinn überlegen (z.B. Phonemerkennung). Dies kann als Hinweis darauf gewertet werden, dass der Erwerb einer zweiten Sprache die Wahrnehmung phonologischer Stimuli in spezifischer Weise beeinflusst.

In einer Untersuchung der Lesefähigkeit bei bilingual urdu- und englischsprachigen Kindern und monolingual englischsprachigen Kindern im Alter von sieben bis acht Jahren zeigte sich, dass die bilingualen Kinder zwar unregelmäßige englische Wörter weniger gut lesen konnten als die monolingualen Kinder, beim Lesen von regelmäßigen englischen Wörtern und Pseudowörtern jedoch überlegen waren (Mumtaz & Humphreys, 2001). Die schwächeren Leistungen der zweisprachigen Kinder bei den unregelmäßigen Wörtern konnten dabei auf ein weniger gut entwickeltes visuelles Gedächtnis zurückgeführt werden, während ihre Vorteile bei den Pseudowörtern auf bessere phonologische Fähigkeiten zurückzugehen schienen. Bialystock, Majumder und Martin (2003) schließlich fanden in einer Stichprobe von einsprachigen und zweisprachigen Kindern eine Überlegenheit der spanisch-englischsprachigen Teilgruppe, nicht aber der chinesisch-englischsprachigen Teilgruppe im Vergleich zu den einsprachigen Kindern.

Die Studien zum Zusammenhang zwischen Mehrsprachigkeit, phonologischer Bewusstheit und Lesen beziehen eine Reihe von Sprachen ein. Untersuchungen mit türkisch-deutschsprachigen Kindern liegen jedoch nicht vor. Der vorliegende Beitrag beschäftigt sich mit phonologischer Bewusstheit und der Entwicklung von Lesekompetenz bei Schülerinnen und Schülern türkischer Herkunft, die in Deutschland zur Schule gehen und auf Deutsch alphabetisiert werden. Da die Erstsprache (L1) dieser Kinder Türkisch ist, ist zu erwarten, dass ihre phonologische Bewusstheit von den Besonderheiten dieser Sprache beeinflusst wird. Zu den wichtigsten phonologischen Eigenschaften der türkischen Sprache gehört, dass sie über eine sehr klar abgrenzbare Silbenstruktur verfügt. Wörter werden aus einfachen Silben[1] (V, VK, KV, KVK) gebildet, wobei über 50% die KV-Struktur aufweisen. Da die Silben üblicherweise keine Cluster von mehreren Konsonanten enthalten, sind die einzelnen Phoneme leicht zu identifizieren (Öney & Durgunoğlu, 1997). Türkisch sollte es daher im Vergleich zu anderen Sprachen, wie etwa Englisch, erleichtern, Silben zu erkennen. Aufgrund des Prinzips der Vokalharmonie erfordert die türkische Sprache weiterhin, dass Sprecher ihre Aufmerksamkeit auf linguistische Einheiten unterhalb der Wortebene richten, um auf der Grundlage von phonologischen Kriterien aus alternativen Formen von Endungen die richtige auszuwählen. Die morphologische Struktur des Türkischen verlangt harmonierende Endlaute, was zumindest eine implizite Beachtung des letzten Phonems in den einzelnen Wörtern erforderlich macht

---

1 V = Vokal, K = Konsonant

(Öney & Durgunoğlu, 1997). Die strukturellen Eigenschaften des Türkischen lassen vermuten, dass mit dem Erwerb dieser Sprache die Entwicklung von phonologischer Bewusstheit gefördert wird (Durgunoğlu & Öney, 1999). Die Ergebnisse der Studie von Durgunoğlu und Öney (1999) bestätigten die Hypothese der Autoren, dass türkischsprachige Kinder in einer Aufgabe, die eine Kennzeichnung der Grenzen von Silben durch Tippen mit dem Finger erfordert, besser abschneiden sollten als englischsprachige Kinder. Bei der Erkennung von Silben erwiesen sich sogar die Kindergartenkinder in der türkischsprachigen Gruppe den Erstklässlern in der englischsprachigen Gruppe als überlegen. Auch bei der Identifizierung und Manipulation von Phonemen (Phoneme tippen, Elimination von Phonemen innerhalb und am Ende von Wörtern) erzielten die türkischen Kinder in den meisten Aufgaben bessere Leistungen als die englischsprachige Vergleichsgruppe. Lediglich in einer Aufgabe, die eine Elimination der ersten Phoneme in Wörtern erforderte, waren keine Unterschiede zwischen den beiden Sprachgruppen zu erkennen. Insgesamt weist das Ergebnismuster der Studie also darauf hin, dass türkische Muttersprachler über vergleichsweise gut entwickelte phonologische Fähigkeiten verfügen.

Befunde zum Einfluss von Zweisprachigkeit in Türkisch und Deutsch auf phonologische Bewusstheit und Lesekompetenz liegen derzeit nicht vor. Ausgehend von den beschriebenen Hinweisen darauf, dass sowohl Bilingualität als auch die linguistische Struktur des Türkischen die Entwicklung von phonologischer Bewusstheit positiv beeinflussen können, lässt sich die Vermutung ableiten, dass Kinder, die Türkisch und Deutsch sprechen, bessere phonologische Fähigkeiten aufweisen als ausschließlich deutschsprachige Kinder.

1.2 Phonologische Bewusstheit und die Entwicklung von Lesekompetenz

Es gilt allgemein als gesichert, dass phonologische Fähigkeiten eng mit dem Erwerb von Lesekompetenz zusammenhängen. Um Lesen zu lernen, müssen Kinder zunächst erkennen, dass gedruckte Wörter keine zufällig zusammengesetzten Sequenzen von Buchstaben darstellen, die memoriert und bei Bedarf aus dem Gedächtnis abgerufen werden müssen, sondern dass sie auf einem System orthographischer und phonologischer Beziehungen basieren, das gelernt werden kann (Goswami & Bryant, 1990). Eine große Zahl von Quer- und Längsschnittstudien zeigt, dass phonologische Bewusstheit der wichtigste Prädiktor für das Lesenlernen in der Erstsprache von Kindern ist (Brady & Shankweiler, 1991; Chiappe, Siegel & Gottardo, 2002; Wagner, Torgesen & Rashotte, 1994). Phonologische Fähigkeiten haben sich sogar als wichtiger für die Geschwindigkeit und Effizienz der Entwicklung des Lesens erwiesen als allgemeine Intelligenz (vgl.

z.B. Stanovich, 1994). Ein Mindestniveau der phonologischen Bewusstheit ist für den Lese-Rechtschreiberwerb notwendig (Liberman & Liberman, 1990; Liberman, Schankweiler & Liberman, 1989). Gleichzeitig wird diese Fähigkeit im Verlauf des Lese-Rechtschreiberwerbs weiter entwickelt (Olson, Wise, Johnson & Ring, 1997; Stanovich, 1992). Ein Zusammenhang zwischen phonologischer Bewusstheit und Kompetenzen im Lesen und Schreiben ist ab der Grundschulzeit bis in das Erwachsenenalter zu beobachten (Bone, Cirino, Morris & Morris, 2002; Bruck, 1992; Pratt & Brady, 1988), wobei dieser allerdings ab der späteren Grundschulzeit nachzulassen scheint (vgl. z.B. Schneider & Näslund, 1999b).

Die zentrale Rolle, die phonologische Bewusstheit für den Erwerb von Lesekompetenz spielt, konnte in verschiedenen Sprachen nachgewiesen werden, die eine alphabetische Schriftsprachstruktur aufweisen (Bradley & Bryant, 1985; Bruck, Genesee & Caravolas, 1997; Caravolas & Bruck, 1993; Cossu et al., 1988; Share & Stanovich, 1995; Wagner et al., 1994). Allerdings kann der Zusammenhang über verschiedene Sprachen hinweg auch variieren (Arab-Moghaddam & Senechal, 2001). Zu den orthographischen Systemen, für die sich ein signifikanter Einfluss von phonologischer Bewusstheit auf Lesen identifizieren ließ, gehören unter anderem Dänisch (Frost, 2001), Englisch (Bradley & Bryant, 1985; Share & Stanovich, 1995; Wagner et al., 1994), Finnisch (Müller & Brady, 2001), Niederländisch (de Jong & van der Leij, 1999; Tijms, 2004), Norwegisch (Hagtvet, 1993), Türkisch (Öney & Durgunoğlu, 1997) und mit Chinesisch sogar eine Sprache, die durch eine primär nicht-alphabetische Orthographie gekennzeichnet ist (Ho & Bryant, 1997; Shu, Anderson & Wu, 2000; McBride-Chang, Bialystok, Chong & Li, 2004).

Auch für die deutsche Sprache haben in den letzten 15 Jahren zahlreiche Studien die zentrale Rolle von phonologischer Bewusstheit für den frühen Erwerb von Lesekompetenz belegt (vgl. z.B. Näslund & Schneider, 1991, 1996). Studien von Klicpera und Schachner-Wolfram (1987) sowie Mayringer, Wimmer und Landerl (1998) weisen darauf hin, dass zwischen guten und schwachen Lesern in Deutsch signifikante Unterschiede bei verschiedenen Aspekten der phonologischen Bewusstheit bestehen. In einer groß angelegten Längsschnittstudie untersuchten Schneider und Näslund (1999b) mit Hilfe von Strukturgleichungsmodellen die Effekte von vorschulischen Prädiktoren (verbale Intelligenz, Arbeitsgedächtnis, phonologische Bewusstheit und vorschulisches Wissen über die Schriftsprache) auf das Leseverständnis am Ende der zweiten Klassenstufe. Dabei erwies sich phonologische Bewusstheit als wichtigster Prädiktor (vgl. auch Landerl, Linortner & Wimmer, 1992; Landerl & Wimmer, 1994). Es kann also mit einiger Sicherheit angenommen werden, dass phonologische Bewusstheit zu den wichtigsten Vorläuferkompetenzen für die Entwicklung von Lesekompetenz im Deutschen gehört. Da die relevanten Studien überwiegend mit einsprachig deutschen Kindern durchgeführt worden sind, ist jedoch offen, inwieweit sich die Ergebnisse auf Schülerinnen und Schüler generalisieren lassen, die Deutsch als Zweitsprache gelernt haben.

Untersuchungen mit Kindern, die entweder gleichzeitig in ihrer Erstsprache (L1) und in einer Zweitsprache (L2) (z.B. Comeau, Cormier, Grandmaison & Lacriox, 1999; Geva & Siegel, 2000) oder ausschließlich in einer Zweitsprache (z.B. Durgunoğlu, Nagy & Hancin-Bhatt, 1993; Gottardo, 2002; Lesaux & Siegel, 2003; Manis, Lindsey & Baily, 2004) Lesen lernen, haben gezeigt, dass phonologische Bewusstheit auch den Erwerb von Lese- und Schreibkompetenz in einer Zweitsprache beeinflusst, selbst wenn sich die allgemeinen Sprachkenntnisse in der L2 noch entwickeln (Geva, Yaghoub-Zadeh & Schuster, 2000). Weiterhin konnten einige Studien Hinweise darauf identifizieren, dass beim Schriftspracherwerb in einer L2 Transfer phonologischer Fähigkeiten stattfinden kann (z.B. Chiappe & Siegel, 1999; Cisero & Royer, 1995; Durgunoğlu et al., 1993; Gottardo, Yan, Siegel & Wade-Woolley, 2001; Manis et al., 2004). So zeigten etwa Lafrance und Gottardo (2003) an einer Stichprobe von französisch-englischsprachigen Kindern, dass sich Lesekompetenz in der Zweitsprache anhand von phonologischen Fähigkeiten in der Erstsprache vorhersagen ließ und Gottardo (2002) fand, dass eine Kombination von phonologischen Verarbeitungsfähigkeiten und mündlichem Wortschatz in Spanisch bei spanisch-englischsprachigen Kindern eng mit Lesekompetenz in Englisch zusammenhing. Diese Ergebnisse können als Hinweis darauf interpretiert werden, dass es sich bei phonologischer Bewusstheit um eine allgemeine Fähigkeit handelt, die zwar durch die jeweiligen Sprachen geprägt wird, in ihren Auswirkungen jedoch nicht auf diese beschränkt bleibt.

Um die relative Rolle der phonologischen Bewusstheit für Leseverständnis vergleichend für verschiedene Sprachgruppen untersuchen zu können, ist es notwendig, weitere Faktoren zu berücksichtigen, die sich für die Entwicklung von Lesekompetenz als bedeutsam erwiesen haben. Als Orientierung für die Auswahl von Prädiktoren eignet sich ein Modell von Näslund und Schneider (1991), das sich in einer Reihe von Studien bewährt hat (vgl. z.B. Näslund & Schneider, 1996; Schneider & Näslund, 1999a, 1999b). Nach diesem Modell wird Leseverständnis durch Dekodierung, verbale Kompetenz[2], phonologische Bewusstheit und verbales Gedächtnis beeinflusst (vgl. Abb. 1). Dabei wird für verbales Gedächtnis und phonologische Bewusstheit nur eine indirekte Wirkung auf Lesen angenommen. Da jedoch in der vorliegenden Studie eine Population untersucht wird, für die das Modell bislang nicht überprüft wurde, erscheint es sinnvoll, zunächst auch direkte Zusammenhänge zwischen phonologischer Bewusstheit

---

[2] In der vorliegenden Studie wird der Wortschatz als wichtigster Aspekt verbaler Kompetenz untersucht (Stahl & Fairbanks, 1986).

und Leseverständnis zu untersuchen. Aus diesem Grund wird auch der Pfad von verbaler Kompetenz auf Dekodierung analysiert. Zusätzlich zu den von Näslund und Schneider (1991) spezifizierten Einflussfaktoren werden in der vorliegenden Studie weiterhin die kognitiven Grundfähigkeiten der Schülerinnen und Schüler als Kontrollvariable berücksichtigt sowie das Hörverständnis, das von verschiedenen Autoren als Prädiktor von Lesekompetenz identifiziert worden ist (z.B. Gough & Tunmer, 1986; Lerkkanen, Rasku-Pottonen, Aunola & Nurmi, 2004; Proctor, Carlo, August & Snow, 2005; Royer & Carlo, 1991).

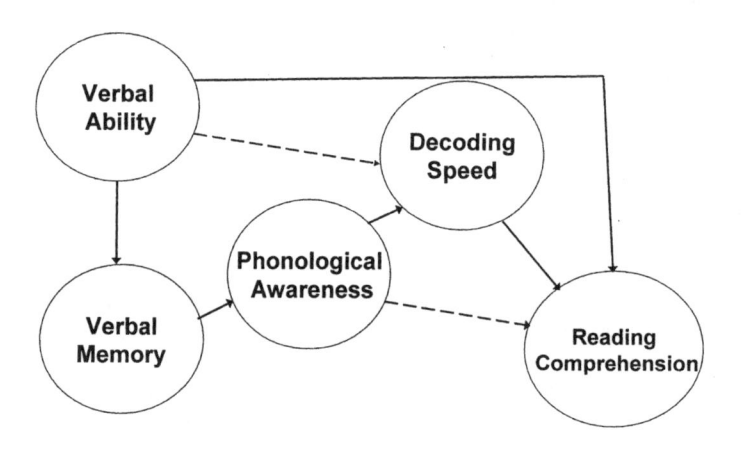

Abbildung 1: Strukturmodell des Zusammenhangs zwischen Prädiktoren des Leseverständnisses nach Näslund und Schneider (1991, 381)

Anmerkung: Die gestrichelten Pfeile kennzeichnen Zusammenhänge, die in der vorliegenden Studie zusätzlich untersucht werden.

2. Fragestellung und Hypothesen

In der vorliegenden Studie wird der Frage nachgegangen, welche Rolle phonologische Bewusstheit für den Erwerb von Lesekompetenz unter Bedingungen der Zweisprachigkeit spielt.[3] Aufgrund der Abhängigkeit der phonologischen Bewusstheit von Strukturen der Sprache ist es dabei notwendig, homogene Sprach-

---

3 Aus Gründen der Lesbarkeit wird im Folgenden nicht immer explizit erwähnt, dass sich die Ausführungen auf deutsche Sprachkompetenzen beziehen. Wenn also allgemein etwa von Wortschatz, Lesekompetenz u.ä. die Rede ist, sind diese Fähigkeiten in Bezug auf die deutsche Sprache gemeint. Wenn andere Sprachen angesprochen werden, werden diese explizit gekennzeichnet.

gruppen zu betrachten. Die Analysen beziehen sich auf Kinder türkischer Herkunftssprache, die eine der größten Gruppen von Schülerinnen und Schülern mit Migrationshintergrund in Deutschland bilden. Da die Ergebnisse früherer Studien darauf hinweisen, dass Bilingualität und die linguistische Struktur des Türkischen mit positiven Effekten auf die Entwicklung von phonologischer Bewusstheit verbunden sein könnten (Durgunoğlu & Öney, 1999), wird erwartet, dass bilingual türkisch-deutschsprachige Kinder bessere phonologische Fähigkeiten aufweisen als monolingual deutschsprachige Kinder. Auch für das verbale Arbeitsgedächtnis wird eine Überlegenheit der zweisprachigen Kinder erwartet, da dieses eng mit phonologischer Bewusstheit zusammenhängt (McBride-Chang, 1995; McBride-Chang, Wagner & Chang, 1997) und ebenfalls positiv von bilingualer Entwicklung beeinflusst zu werden scheint (vgl. zusammenfassend Bialystok, 2002; Hakuta, 1986). Als erster Schritt wird in den Analysen daher die folgende Hypothese getestet:

H1: Türkisch-deutschsprachige Kinder erzielen bessere Leistungen auf Maßen der phonologischen Bewusstheit und des verbalen Arbeitsgedächtnisses als ausschließlich deutschsprachige Kinder.

Trotz der großen Anzahl von Studien zu Prädiktoren der Lesekompetenz, die etwa auf der Grundlage des Modells von Näslund und Schneider (1991) durchgeführt worden sind, mangelt es an Hinweisen darauf, inwieweit die Ergebnisse auch für Kinder Gültigkeit besitzen, die in einer Zweitsprache das Lesen lernen. Dies gilt auch für den Prozess des Erwerbs von Lesekompetenz bei Schülerinnen und Schülern türkischer Herkunft in deutschen Schulen. In der vorliegenden Studie wird daher weiterhin gefragt, welche Rolle phonologische Bewusstheit in dieser Gruppe von Schülerinnen und Schülern spielt. Da Kinder türkischer Herkunft möglicherweise über ein höheres Maß an phonologischer Bewusstheit verfügen (vgl. H1), allgemein jedoch ein geringeres Niveau der Lesekompetenz erreichen als deutsche Kinder (vgl. z.B. Bos, Lankes, Prenzel, Schwippert, Walter & Valtin, 2003; Baumert et al., 2001), wird erwartet, dass phonologische Bewusstheit bei Schülerinnen und Schülern türkischer Herkunftssprache für die Entwicklung von Lesekompetenz weniger bedeutsam ist als bei Schülerinnen und Schülern deutscher Herkunftssprache:

H2: Phonologische Bewusstheit ist bei türkisch-deutschsprachigen Kindern ein weniger bedeutsamer Prädiktor von Lesekompetenz als bei ausschließlich deutschsprachigen Kindern.

3. Methode

Die vorliegende Studie ist Teil der laufenden Längsschnittuntersuchung „Berliner Längsschnittstudie zur Lesekompetenzentwicklung von Grundschulkindern" (BeLesen), die vom Arbeitsbereich Empirische Erziehungswissenschaft der Freien Universität Berlin über einen Zeitraum von vier Jahren (2002-2006) durchgeführt wird. Ziel des Projekts ist es, differenzielle Effekte von verschiedenen Ansätzen des Schriftsprachunterrichts auf die Entwicklung von Lesekompetenz und Schulleistungen bei Kindern türkischer und deutscher Herkunftssprache zu analysieren. An der Untersuchung nehmen 59 Klassen aus 30 Schulen teil. Diese Schulen befinden sich in Bezirken Berlins, deren Wohnbevölkerung einen im Durchschnitt vergleichsweise niedrigen sozioökonomischen Status aufweist. Von den Kindern nichtdeutscher Herkunftssprache in der Stichprobe haben 90% vor Eintritt in die Grundschule einen Kindergarten oder eine Vorschule besucht und ihre Schullaufbahn in Deutschland begonnen.

3.1 Stichprobe

Für die vorliegende Studie wurden 14 der insgesamt 59 Klassen, die am Projekt „BeLesen" teilnehmen, ausgewählt. Dabei wurde sichergestellt, dass die Klassen im Hinblick auf den Anteil von Kindern nichtdeutscher Herkunftssprache, die mittleren kognitiven Fähigkeiten der Kinder und die sozioökonomische Situation der Bevölkerung in den Verkehrszellen ihrer Schulen (ca. 5 Wohnblocks im Umkreis) vergleichbar sind. Der Anteil der Kinder nichtdeutscher Herkunftssprache beträgt in allen einbezogenen Klassen mindestens 50 Prozent, und die sechs Schulen, in denen sich die 14 Klassen befinden, liegen nach dem Berliner Sozialstrukturatlas in Verkehrszellen, die im Hinblick auf ihren Sozialindex (Altersstruktur, Ausländeranteil, Schulabschluss und Einkommen der Bewohner, Arbeitslosenquote, Anteil Sozialhilfeempfänger, Lebenserwartung, vorzeitige Sterblichkeit) auf einer Skala von 1 (günstige soziale Lage) bis 7 (ungünstige soziale Lage) den Zonen 6 und 7 zugeordnet sind. Insgesamt befanden sich zum ersten Messzeitpunkt 251 Schülerinnen und Schüler in den ausgewählten Klassen.

In die Untersuchung wurden zwei Gruppen von Kindern einbezogen: Bilingual türkisch-deutschsprachige Kinder (BTD) und monolingual deutschsprachige Kinder (MD). Die Zuordnung der Kinder zu den Gruppen erfolgte anhand von vier Kriterien:

(1) Besuch einer deutschsprachigen Schule über einen Zeitraum von mindestens zwei Jahren,

(2) Auskunft des Kindes über die in der Familie gesprochene Sprache zu zwei Messzeitpunkten,
(3) Angaben von Lehrkräften zu zwei Messzeitpunkten über die in der Familie des Kindes gesprochene Sprache und
(4) mündliche Sprachproben auf Türkisch und Deutsch zu zwei Messzeitpunkten.[4]

Schülerinnen und Schüler, bei denen zu Hause nach eigenen Angaben und nach Angaben der Lehrkräfte beide Elternteile ausschließlich Deutsch sprechen, wurden der monolingual deutschsprachigen Gruppe zugeordnet. Der Gruppe bilingual türkisch-deutschsprachiger Schülerinnen und Schüler wurden Kinder zugewiesen, in deren Familien mindestens ein Elternteil Türkisch spricht und die selbst über Basiskenntnisse der türkischen Sprache verfügen. Das Mindestniveau türkischer Sprachkenntnisse wurde anhand von Leistungen der Schülerinnen und Schüler im mündlichen Sprachtest definiert. Als bilingual türkisch-deutschsprachig wurde ein Kind nur dann eingestuft, wenn die erzielten Leistungen zu beiden Messzeitpunkten weniger als eine Standardabweichung unter dem Mittelwert der nach eigenen Angaben türkischsprachigen Schülerinnen und Schüler lagen. Mehrsprachige Schülerinnen und Schüler mit einer anderen Herkunftssprache als Türkisch wurden aus der Studie ausgeschlossen. Alle Kinder in der Stichprobe verfügten über ein Mindestniveau an Deutschkenntnissen, so dass sie in der Lage waren, an den deutschen Sprach- und Lesetests teilzunehmen.

Die nach den beschriebenen Kriterien ausgewählte Stichprobe umfasst 69 monolingual deutschsprachige und 100 bilingual türkisch-deutschsprachige Kinder. Das Durchschnittsalter der teilnehmenden Schülerinnen und Schüler lag zum ersten Messzeitpunkt (Mitte 2. Klasse) zwischen 7,1 und 9,5 Jahren ($M = 8,0$, $SD = 0,4$), der Anteil der Mädchen in der Stichprobe betrug 55,1 Prozent. Varianzanalysen und Chi-Quadrat-Tests identifizierten keine signifikanten Unterschiede zwischen den beiden Sprachgruppen in Bezug auf das Alter, die sozioökonomische Situation der Bevölkerung im Umfeld der Schule, die Anzahl der Geschwister, das Geschlecht oder das Geburtsland (vgl. Tabelle 1). Auch im Hinblick auf die kognitiven Grundfähigkeiten unterschieden sich die Gruppen nicht signifikant.

---

4 Eine einheitliche Definition von Bilingualität liegt in der einschlägigen Literatur nicht vor. Vielfach werden als Kriterium für die Identifikation bilingualer Kinder ausschließlich die im Haushalt gesprochenen Sprachen verwendet (z.B. Queen, 2001). Insofern ist die in dieser Studie verwendete Definition unter Berücksichtigung tatsächlicher Sprachkenntnisse der Kinder vergleichsweise stringent.

Tabelle 1: Mittelwerte und Standardabweichungen für soziodemographische Variablen mit den Ergebnissen von Vergleichen der bilingualen und monolingualen Gruppen (ANOVAs und Chi-Quadrat-Test)

		BTD	MD	F	p
Alter zu T1	M	7,92	7,92	0,00	.99
	SD	0,38	0,44		
Sozialindex des Schulumfelds	M	6,72	6,62	1,76	.19
	SD	0,45	0,49		
Kognitive Grundfähigkeiten	M	25,07	25,39	0,13	.79
	SD	5,02	5,53		
Anzahl der Geschwister	M	1,65	1,45	0,94	.33
	SD	1,34	1,23		
Anzahl älterer Geschwister	M	1,04	1,00	0,06	.81
	SD	1,07	1,07		
				Pearsons χ^2	p
Geschlecht Anteil Mädchen		49,0%	55,1%	0,60	.53
Geburtsland Anteil im Ausland geboren		10,0%	4,3%	1,84	.24

Anmerkungen: BTD = bilingual türkisch-deutschsprachige Gruppe, MD = monolingual deutschsprachige Gruppe. Die Erhebung der Variablen erfolgte im November/Dezember in der zweiten Klassenstufe (T1). Lediglich die kognitiven Grundfähigkeiten wurden bereits zu Beginn der ersten Klassenstufe gemessen. Der Sozialindex als Indikator für die sozioökonomische Situation im Umfeld der Schule basiert auf dem Berliner Sozialstrukturatlas.

3.2 Instrumente

Die schriftlichen Tests zum Lesen und zu den allgemeinen kognitiven Grundfähigkeiten wurden von Lehramtsstudierenden und Studierenden im Diplomstudiengang Erziehungswissenschaft administriert, die im Rahmen des Projekts „BeLesen" ein Testleitertraining absolviert hatten. Die schriftlichen Erhebungen wurden als Gruppentests in Abständen von sechs Monaten jeweils an zwei Tagen (zwei Schulstunden pro Tag) durchgeführt (vgl. Tabelle 2). Die Erfassung von phonologischer Bewusstheit, Wortschatz und verbalem Arbeitsgedächtnis erfolgte dagegen mit mündlichen Individualtests durch die Erstautorin gemeinsam mit einem Team von bilingual türkisch-deutschsprachigen Studierenden, die ebenfalls in einem umfassenden Training auf ihre Aufgabe vorbereitet worden waren.

Die mündlichen Tests wurden in der zweiten Klassenstufe zum ersten Mal im November/Dezember (T1) und zum zweiten Mal am Ende des Schuljahrs (T2) durchgeführt und dauerten jeweils etwa 45 Minuten. Das verbale Gedächtnis wurde nur zu T1, das Hörverständnis nur zu T2 erfasst.

Tabelle 2: Übersicht der schriftlichen und mündlichen Messinstrumente und der Erhebungszeitpunkte

	T0 Mitte 1. Kl. Jan. 2003	T1 Mitte 2. Kl. Nov./Dez. 2003	T2 Ende 2. Kl. Mai/Juni 2004	T3 Mitte 3. Kl. Dez. 2004
Schriftliche Instrumente				
Kognitive Grundfähigkeiten	●			
Wortdekodierung	●	●	●	●
Leseverständnis			●	●
Mündliche Instrumente				
Phonologische Bewusstheit		●	●	
Wortschatz		●	●	
Verbales Gedächtnis		●		
Hörverständnis			●	

Kognitive Grundfähigkeiten:
CFT 1 (T1). Drei Subtests der Grundintelligenztest-Skala 1 (CFT 1; Cattell, Weiß & Osterland, 1997) wurden in Gruppenform eingesetzt, um das schlussfolgernde Denken auf der nicht-verbalen Ebene zu messen. Die Subtests 2 bis 4 (Labyrinthe, Klassifikation und Ähnlichkeiten) mit einer maximalen Gesamtpunktzahl von 36 wurden in der Mitte der ersten Klasse (T0) eingesetzt. Die Dauer der Durchführung lag bei etwa 15 bis 20 Minuten. In der Gesamtstichprobe des Projekts „BeLesen" ($N = 1234$) zeigte die Skala mit den drei Subtests insgesamt eine gute interne Konsistenz (Cronbachs alpha = .85).

Wortdekodierung:
Würzburger Leise-Leseprobe – WLLP (T1, T2 und T3). Die Erfassung der Dekodiergeschwindigkeit erfolgte mit der Würzburger Leise-Leseprobe (WLLP; Küspert & Schneider, 2001). Bei diesem Verfahren wird den Kindern eine Liste von Wörtern vorgelegt, die sie jeweils einem von vier Bildern zuordnen sollen. Dabei handelt es sich um einen Speed-Test, bei dem es darauf ankommt, die Aufgaben möglichst schnell zu bearbeiten. Das Instrument ist für längsschnittliche

Untersuchungen sehr gut geeignet, weil seine Länge je nach Klassenstufe angepasst werden kann. Im Rahmen des Projekts „BeLesen" wurden in der ersten Klasse 80 Wörter und in der dritten Klasse 140 Wörter verwendet. Die Testdauer beträgt exakt fünf Minuten. In der Standardisierungsstichprobe des Tests lag die Paralleltest-Reliabilität bei .87 in der ersten Klasse, bei .92 in der zweiten Klasse und bei .93 in der dritten Klasse. Die Werte für die Retest-Reliabilität (zwei Wochen Abstand zwischen den Messzeitpunkten) betrugen .75, .81 und .88 (Küspert & Schneider, 2001).

Leseverständnis:

ELFE-Leseverständnistest für Erst- bis Sechstklässler (T2 und T3). Der ELFE-Test (Lenhard & Schneider, 2005) wurde am Ende der zweiten Klassenstufe und in der Mitte der dritten Klassenstufe durchgeführt. Dabei wurde nur der Subtest „Textverständnis" verwendet. Bei diesem Verfahren werden mehrere kurze Texte von 2-7 Sätzen vorgelegt, zu denen die Kinder jeweils zwei bis drei Verständnisfragen beantworten sollen. Die interne Konsistenz der Skala ist in der Berliner BeLesen-Stichprobe mit einem Cronbachs alpha von .84 etwas geringer als in der Eichstichprobe des Tests für die zweite Klasse (Cronbachs alpha = .94), aber dennoch zufrieden stellend.

Phonologische Bewusstheit:

Modifizierte Fassung des Verfahrens zur Erfassung von Basiskompetenzen für Lese-Rechtschreibleistungen – BAKO 1-4 (T1 und T2). Zur Messung der phonologischen Bewusstheit wurde eine modifizierte Fassung des standardisierten Verfahrens „Basiskompetenzen für Lese-Rechtschreibleistungen – BAKO" in der Mitte und am Ende der zweiten Klassenstufe eingesetzt (Stock & Schneider, 2004). Der BAKO-Test wurde für Kinder der ersten bis vierten Klassenstufe in deutschsprachigen Ländern entwickelt. In der vorliegenden Studie war es wichtig, phonologische Bewusstheit möglichst sprachneutral und effizient zu erfassen. Daher wurde das Instrument auf Items reduziert, die sich auf Pseudowörter beziehen. Um mögliche Konfundierungen mit der Herkunftssprache der Kinder zu vermeiden, wurden darüber hinaus Pseudowörter, die aufgrund ihrer Struktur in Deutsch oder Türkisch nicht vorkommen könnten, modifiziert. Dies beinhaltete die Eliminierung von Konsonantenclustern, die in der türkischen Sprache in der Regel nicht auftreten. Vier der sieben BAKO-Subtests wurden in der Studie eingesetzt und anschließend aggregiert: Pseudowortsegmentierung, Restwortbestimmung, Vokalersetzung und Lautkategorisierung. Die aggregierte Skala umfasst 35 Items und weist mit einem Cronbachs alpha von über .91 zu beiden Messzeitpunkten eine exzellente interne Konsistenz auf.

Wortschatz:

Bilingual-Verbal-Abilities-Test – BVAT (T1 und T2). Eine verkürzte Version des Bilingual-Verbal-Abilities-Tests (BVAT; Munoz-Sandoval, Cummins, Alvarado & Ruef, 1998), bei dem eine Reihe von Wörtern identifiziert werden müssen, wurde von allen Schülerinnen und Schülern auf Deutsch und von den türkischsprachigen Kindern zusätzlich auf Türkisch bearbeitet. Drei von vier BVAT-Subtests wurden in der Untersuchung verwendet: Bild/Wortschatz (30 Items), Synonyme (14 Items) und Antonyme (14 Items). Der Einsatz dieser Subtests nahm jeweils 7 bis 10 Minuten in Anspruch. Die internen Konsistenzen (Cronbachs alpha) der Skalen lagen für die deutsche Fassung des Verfahrens in der Gesamtstichprobe zwischen .75 und .88 und für die türkische Fassung in der bilingualen Gruppe zwischen .64 und .79.

Verbales Arbeitsgedächtnis:

Pseudoword-Span-Test (T1). Das verbale Arbeitsgedächtnis wurde mit einem Test erhoben, der ausschließlich Pseudowörter verwendet und speziell für den Einsatz bei bilingualen Kindern entwickelt worden ist (Comeau & Cormier, 2000). In diesem Test werden die Kinder gebeten, Gruppen von jeweils drei Pseudowörtern zu wiederholen, wobei die Testleiter beim Vorsprechen der Wörter ihren Mund mit einer Handpuppe verdecken. Dabei wird in drei Teilen des Tests die Anzahl der Silben pro Wort von einer Silbe auf drei Silben erhöht. Mit dem Pseudoword-Span-Test lässt sich die Entwicklung des verbalen Arbeitsgedächtnisses in den Klassenstufen 1 bis 6 erfassen, ohne dabei Boden- oder Deckeneffekte zu erreichen. An einer Standardisierungsstichprobe von 122 französisch- und englischsprachigen Kindern in Kanada konnte gezeigt werden, dass der Test für Veränderungen sensitiv ist und die Testergebnisse den erwarteten engen Zusammenhang mit Leistungen im Lesen zeigen. Für die vorliegende Studie wurde das Instrument gekürzt und so modifiziert, dass es sowohl aus deutscher als auch aus türkischer Perspektive sprachneutral ist. Es zeigte sich, dass der so angepasste Test, der 12 Items umfasst, in der Stichprobe der Studie gut funktioniert hat. Die Spearman-Brown-Testhalbierungsreliabilität (odd-even-Methode), die bei dieser Skala aufgrund der ansteigenden Schwierigkeit der Items verwendet wurde (Green, Salkind & Akey, 2000), beträgt .86 und ist somit zufrieden stellend.

Hörverständnis:

Knuspels Leseaufgaben, Subtest Hörverständnis (T2). Die Knuspels Leseaufgaben (Marx, 1998) basieren auf einem Modell der Entwicklung von Lesekompetenz, in dem die grundlegenden Lesefertigkeiten des Rekodierens und des Dekodierens auf Wortebene, das Leseverstehen auf der Satzebene sowie das Hörverstehen eine zentrale Rolle spielen. In der vorliegenden Studie wurde nur die Subskala Hörverstehen des Tests eingesetzt. Mit diesem Test wird erfasst, inwieweit die Schülerinnen und Schüler mündlich gestellte Fragen einerseits und Instruktionen andererseits verstehen. Da die Unterscheidung zwischen diesen zwei Aspekten für die Fragestellung der Studie irrelevant ist, wurden die Leistungen auf den beiden Aufgabentypen zu einem Gesamtscore für Hörverständnis zusammengefasst. Dabei wurden neun der insgesamt 14 Hörverständnisitems aus dem Knuspel verwendet. Die interne Konsistenz der Skala ist nur bedingt zufriedenstellend (Cronbachs alpha = .61) und die Ergebnisse für Hörverständnis sollten daher vorsichtig interpretiert werden.

4. Ergebnisse

4.1 Gruppenunterschiede in phonologischer Bewusstheit

Um der Frage nachzugehen, ob bilingual türkisch-deutschsprachige Kinder über ein höheres Maß an phonologischer Bewusstheit verfügen als monolingual deutschsprachige Kinder, wurden für die beiden Messzeitpunkte multivariate Kovarianzanalysen (MANCOVAs) mit dem Geschlecht und den kognitiven Grundfähigkeiten der Schülerinnen und Schüler als Kovariaten durchgeführt. Vorab wurde mit geeigneten Verfahren geprüft, ob die Daten die zentralen Voraussetzungen der Analysen erfüllen. Dabei zeigte sich, dass die Homogenitätsannahmen für die Vergleichsgruppen sowohl in Bezug auf die Varianz-Kovarianzmatrix der abhängigen Variablen als auch in Bezug auf den Zusammenhang zwischen den Kovariaten und den abhängigen Variablen als gegeben gelten können.

Die Mittelwerte und Standardabweichungen der abhängigen Variablen in den Gruppen sind in Tabelle 3 dargestellt. Mit Ausnahme der Lautkategorisierung zum ersten Messzeitpunkt erzielten die bilingualen Schülerinnen und Schüler auf allen Skalen der phonologischen Bewusstheit und des verbalen Arbeitsgedächtnisses tendenziell bessere Leistungen als die monolingualen Kinder. Nach den Ergebnissen der multivariaten Varianzanalysen lassen sich diese Unterschiede jedoch weder zu T1 noch zu T2 gegen den Zufall absichern, T1: Wilks $\lambda = .97$, $F (5, 139) = .79$, $p = .56$, $\eta 2 = .03$; T2: Wilks $\lambda = .96$, $F (4, 140) = 1.53$, $p = .20$, $\eta 2 = .04$.

Um das Befundmuster zu spezifizieren, wurden nachträglich Kovarianzanalysen für die einzelnen abhängigen Variablen getrennt durchgeführt. Die Ergebnisse dieser Analysen sind ebenfalls in Tabelle 3 dargestellt. Dabei zeigt sich lediglich für die Pseudowortsegmentierung zu T2 ein statistisch nachweisbarer Unterschied zwischen den Gruppen, der auf einen Leistungsvorteil der bilingualen Kinder hinweist. Nach Bonferroni-Korrektur für multiple Vergleiche wäre jedoch ein alpha-Niveau von $p < .0125$ anzusetzen, womit auch dieser Effekt nicht mehr die Signifikanzgrenze erreichte. Insgesamt spricht das Befundmuster also nicht eindeutig für Hypothese 1, die eine Überlegenheit der bilingual türkisch-deutschsprachigen Kinder in der phonologischen Bewusstheit im Vergleich zu monolingual deutschsprachigen Kindern vorhersagt. Tendenziell erzielten die bilingualen Schülerinnen und Schüler auf den eingesetzten Skalen zwar etwas bessere Leistungen, dieser Vorteil lässt sich jedoch nicht gegen den Zufall absichern.

Tabelle 3: Mittelwerte und Standardabweichungen der Aspekte phonologischer Bewusstheit zu zwei Messzeitpunkten (T1 und T2) für die bilingualen und monolingualen Gruppen und Ergebnisse des Gruppenvergleichs mit Kovarianzanalysen unter Kontrolle von Geschlecht und kognitiven Grundfähigkeiten

		BTD	MD	F	Partial η2
T1:					
Pseudowortsegmentierung	M	4,60	4,11	2,10	.01
	SD	2,47	2,18		
Vokalersetzung	M	4,88	4,07	2,21	.02
	SD	4,12	3,85		
Restwortbestimmung	M	5,63	5,28	1,93	.01
	SD	1,81	2,02		
Lautkategorisierung	M	4,74	4,96	0,70	.01
	SD	2,18	2,33		
Verbales Gedächtnis	M	13,02	11,54	2,47	.02
	SD	6,12	6,18		
T2:					
Pseudowortsegmentierung	M	4,44	3,80	5,43*	.04
	SD	2,00	1,94		
Vokalersetzung	M	6,46	6,13	0,21	.00
	SD	4,35	4,24		
Restwortbestimmung	M	6,29	5,93	1,38	.01
	SD	1,30	1,51		
Lautkategorisierung	M	4,42	3,97	1,16	.01
	SD	1,97	2,29		

Anmerkungen: BTD = bilingual türkisch-deutschsprachige Gruppe; MD = monolingual deutschsprachige Gruppe; * $p < .05$

4.2 Phonologische Bewusstheit und Leseverständnis

In Tabelle 4 sind die Ergebnisse deskriptiver Analysen des Leseverständnisses für die untersuchten Schülerinnen und Schüler dargestellt. Es zeigt sich, dass zwischen den bilingual türkisch-deutschsprachigen und der monolingual deutschsprachigen Gruppen weder am Ende der zweiten Klassenstufe (T2) noch in der dritten Klassenstufe (T3) signifikante Leistungsunterschiede bestanden, T2: $t(159) = -1.23$, $p = .22$; T3: $t(144) = -1.37$, $p = .17$. Beide Gruppen verbesserten ihre Leistungen deutlich über die beiden Messzeitpunkte, so dass auch für den Lernzuwachs kein signifikanter Gruppenunterschied identifiziert werden konnte, $t(138) = -.71$, $p = .48$. Dabei scheint allerdings die Variabilität der Leistungen in der bilingualen Gruppe vergleichsweise stark anzusteigen.

Tabelle 4: Mittelwerte und Standardabweichungen des Leseverständnisses am Ende der zweiten Klassenstufe (T2) und in der Mitte der dritten Klassenstufe (T3) für die bilingualen und monolingualen Gruppen

		BTD	MD
Leseverständnis T2	M	6,13	6,75
	SD	2,92	3,44
Leseverständnis T3	M	8,35	9,28
	SD	6,31	4,43

Anmerkungen: BTD = bilingual türkisch-deutschsprachige Gruppe; MD = monolingual deutschsprachige Gruppe

Tabelle 5 zeigt die Korrelationen zwischen Leseverständnis zu T3 und den untersuchten Prädiktoren von Lesekompetenz innerhalb der bilingualen und der monolingualen Gruppen. Die Skalen der phonologischen Bewusstheit wurden für diese Analysen aggregiert. Nach der Bonferroni-Korrektur für multiple Vergleiche ist bei 18 Korrelationen ein Signifikanzniveau von $p = .003$ anzusetzen. Bei diesem Kriterium sind die Korrelationen zwischen Leseverständnis zu T3 einerseits und den zu T1 und T2 gemessenen Werten für phonologische Bewusstheit, Wortschatz und Dekodierung andererseits in beiden Gruppen signifikant. Der Vorhersage in Hypothese 2 entsprechend, ist der Zusammenhang zwischen der zu T2 erhobenen phonologischen Bewusstheit und der Lesekompetenz zu T3 in der bilingual türkisch-deutschsprachigen Gruppe enger ($r = .71$) als in der monolingual deutschsprachigen Gruppe ($r = .38$), $t(144) = 3.05$, $p < .01$. Die Korrelation zwischen Hörverständnis und Lesekompetenz ist dagegen nur innerhalb der bilingual türkisch-deutschsprachigen Gruppe signifikant. Inwieweit dieses Befundmuster als Hinweis auf differenzielle prädiktive Validität in den beiden Gruppen zu bewerten ist, wurde mit Hilfe von Regressionsanalysen geprüft, die im folgenden Abschnitt beschrieben werden.

Tabelle 5: Korrelationen zwischen Leseverständnis in der Mitte der dritten Klassenstufe (T3) und den Prädiktoren von Lesekompetenz für die bilingualen und monolingualen Gruppen

	Zeitpunkt	BTD	MD
Kognitive Grundfähigkeiten	T0	.20	.33*
Verbales Arbeitsgedächtnis	T1	.23*	.31*
Phonologische Bewusstheit	T1	.55**	.57**
	T2	.38**	.71**
Wortschatz Deutsch	T1	.36**	.41**
	T2	.34**	.48**
Hörverständnis	T2	.35**	.14
Dekodierfähigkeit	T1	.66**	.65**
	T2	.59**	.76**

Anmerkungen: BTD = bilingual türkisch-deutschsprachige Gruppe; MD = monolingual deutschsprachige Gruppe. Nach Bonferroni-Korrektur für multiple Vergleiche ist bei 18 Korrelationen ein Signifikanzniveau von p=.003 anzusetzen. Demnach wären in der bilingualen türkisch-deutschsprachigen Gruppe Korrelationen ab r =.32, in der monolingual deutschsprachigen Gruppe Korrelationen ab r = .41 signifikant; * $p < .05$; ** $p < .01$.

4.2 Vorhersage von Leseverständnis

Um der in Hypothese 2 formulierten Annahme nachzugehen, dass phonologische Bewusstheit für Lesekompetenz bei türkisch-deutschsprachigen Kindern ein weniger bedeutsamer Prädiktor ist als für Lesekompetenz bei ausschließlich deutschsprachigen Kindern, wurde eine Reihe von hierarchischen Regressionsanalysen durchgeführt. Als unabhängige Variablen wurden die vier im Modell von Näslund und Schneider (1991) enthaltenen Prädiktoren des Leseverständnisses einbezogen (verbales Gedächtnis, Wortschatz, Dekodierfähigkeit und phonologische Bewusstheit) sowie zusätzlich die kognitiven Grundfähigkeiten der Kinder als Kontrollvariable und das Hörverständnis in Deutsch. Die Lesekompetenz zu T3 wurde in der ersten Serie von Analysen anhand der zu T1 gemessenen Prädiktoren, in der zweiten Serie von Analysen anhand der zu T2 gemessenen Prädiktoren vorhergesagt. Dabei musste für das verbale Arbeitsgedächtnis und das Hörverständnis allerdings von diesem Muster abgewichen werden, da diese Variablen nur zu T1 bzw. zu T2 erhoben worden sind. Die Analysen wurden jeweils getrennt für die beiden Gruppen durchgeführt, um auf diese Weise Hinweise auf differenzielle Effekte der Prädiktoren identifizieren zu können. Die Ergebnisse der Analysen sind in Tabelle 6 zusammengefasst.

Tabelle 6: Hierarchische Regressionsanalysen (stepwise) zur Vorhersage von Leseverständnis in der Mitte der dritten Klassenstufe (T3) für die Gruppe der bilingual türkisch-deutschsprachigen Kinder (BTD) und die Gruppe der monolingual deutschsprachigen Kinder (MD)

Vorhersage von Leseverständnis zu T3 durch Prädiktoren gemessen zu T1						
	BTD			MD		
Prädiktoren	Adjust. R^2	ΔR^2	β im Kompl. Modell	Adjust. R^2	ΔR^2	β im kompl. Modell
Step 1: Kognitive Grundfähigkeiten (T0)	.02	.04	-.06	.09	.11*	.02
Step 2: Verbales Arbeitsgedächtnis (T1)	.04	.03	-.11	.17	.10*	.02
Step 3: Dekodierfähigkeit (T1)	.27	.24**	.34**	.43	.26**	.51**
Step 4: Wortschatz Deutsch (T1)	.33	.07**	.18	.45	.03	.10
Step 5: Phonologische Bewusstheit (T1)	.42	.09**	.41**	.53	.08*	.33*
Vorhersage von Leseverständnis zu T3 durch Prädiktoren gemessen zu T2						
	BTD			MD		
Prädiktoren	Adjust. R^2	ΔR^2	β im Kompl. Modell	Adjust. R^2	ΔR^2	β im kompl. Modell
Step 1: Kognitive Grundfähigkeiten (T0)	.02	.03	.03	.09	.12*	-.02
Step 2: Verbales Arbeitsgedächtnis (T1)	.03	.03	-.03	.18	.10*	.01
Step 3: Hörverständnis (T2)	.08	.07*	.15	.16	.00	-.11
Step 4: Dekodierfähigkeit (T2)	.38	.30**	.52**	.53	.36**	.49**
Step 5: Wortschatz Deutsch (T2)	.93	.01	.10	.59	.07*	.20
Step 6: Phonologische Bewusstheit (T2)	.38	.00	.08	.70	.11**	.43**

Anmerkungen: Signifikanzen für Δ R² beziehen sich auf die Veränderungen der F-Werte für die jeweiligen Schritte in der Regressionsanalyse; * p < .05; ** p < .01.

Die Linearkombination der Prädiktorvariablen in den vollständigen Regressionsgleichungen sind für beide Messzeitpunkte signifikant [Monolingual T3 auf T1: $F(5,37) = 10,30$, $p = .000$; T3 auf T2: $F(6,34) = 16,44$, $p = .000$. Bilingual T3 auf T1: $F(5,73) = 11,70$, $p = .000$; T3 auf T2: $F(6,71) = 8,84$, $p = .000$]. In der ersten Serie von Analysen, in der das Leseverständnis zu T3 anhand der Prädiktoren zu T1 vorhergesagt wurde (vgl. obere Hälfte von Tabelle 6), erweisen sich die Dekodierfähigkeit und die phonologische Bewusstheit in beiden Sprachgruppen als wichtigste Prädiktoren. Die Aufnahme von kognitiven Grundfähigkeiten und verbalem Arbeitsgedächtnis in das Modell führt nur in der monolingualen Gruppe zu einem signifikanten Anstieg der erklärten Varianz, während der Wortschatz als zusätzlicher Prädiktor den erklärten Varianzanteil nur in der bilingualen Gruppe substanziell steigert. Insgesamt ist das R^2 für das komplette Modell in der monolingualen Gruppe größer als in der bilingualen Gruppe (.53 versus .42; vgl. Tab. 6).

In den Analysen der zu T2 gemessenen Prädiktoren (vgl. untere Hälfte von Tabelle 6) ist ein deutlich differenzielleres Muster für die beiden Gruppen zu erkennen. Mit der Einführung des Hörverständnisses in das Modell ist in der bilingualen, nicht jedoch in der monolingualen Gruppe von Kindern ein signifikanter Anstieg des R^2 verbunden. Im kompletten Modell erweist sich in der bilingualen Gruppe jedoch ausschließlich die Dekodierfähigkeit als signifikanter Prädiktor von Leseverständnis. In der monolingualen Gruppe hingegen ist nicht nur der Effekt von Dekodierfähigkeit, sondern auch der Einfluss von phonologischer Bewusstheit signifikant. Gleichzeitig ist wiederum der mit dem kompletten Modell erklärte Varianzanteil von Leseverständnis für die bilingual türkisch-deutschsprachigen Kinder geringer (.38) als für die monolingual deutschsprachigen (.70).

Damit weisen die Ergebnisse der zweiten Serie von Regressionsanalysen mit den zu T2 erhobenen Prädiktoren darauf hin, dass phonologische Bewusstsein in der bilingualen Gruppe für die Vorhersage von Lesekompetenz eine geringere Rolle spielt als in der monolingualen Gruppe (bilinguale Gruppe: $β = .08$, $p = .48$; monolinguale Gruppe: $β = .43$, $p = .00$). Die Veränderung der Befunde für die zu T1 und zu T2 gemessenen Prädiktoren ist dabei nicht auf die zusätzliche Einführung des Hörverständnisses zu T2 zurückzuführen; auch ohne Berücksichtigung dieser Variablen ist das Muster stabil. Die Ergebnisse entsprechen demnach der Vorhersage von Hypothese 2.

Um den Unterschied zwischen den bilingualen und den monolingualen Kindern auf Signifikanz zu prüfen, wurden im nächsten Schritt die Regressionsmodelle um einen Interaktionsterm für phonologische Bewusstheit und Gruppenzugehörigkeit erweitert. Bei Kontrolle des absoluten Effekts der Gruppenzugehörigkeit bildet dieser Interaktionsterm ab, inwieweit sich der Einfluss von phonologischer Bewusstheit für die bilingual türkisch-deutschsprachigen Kinder und die monolingual deutschsprachigen Kinder unterscheidet. Die Ergebnisse dieser Analysen sind in Tabelle 7 dargestellt.

Tabelle 7: Hierarchische Regressionsanalysen (stepwise) zur Vorhersage von Leseverständnis in der Mitte der dritten Klassenstufe (T3) mit Interaktionsterm zur Überprüfung differentieller Effekte von phonologischer Bewusstheit für bilingual türkisch-deutschsprachige (BTD) und monolingual deutschsprachige (MD) Kinder

Vorhersage von Leseverständnis zu T3 durch Prädiktoren gemessen zu T1			
Prädiktoren	Adjustiertes R^2	ΔR^2	β im kompletten Modell
Step 1: Kognitive Grundfähigkeiten (T0)	.05	.06**	-.02
Step 2: Verbales Arbeitsgedächtnis (T1)	.09	.04*	-.04
Step 3: Dekodierfähigkeit (T1)	.35	.26**	.41**
Step 4: Wortschatz Deutsch (T1)	.39	.05**	.19*
Step 5: Phonologische Bewusstheit (T1)	.47	.07**	.45**
Step 6: Sprachgruppe (1=bilingual, 0=monolingual); Interaktion: Phonologische Bewusstheit x Sprachgruppe			-.26
Vorhersage von Leseverständnis zu T3 durch Prädiktoren gemessen zu T2			
Prädiktoren	Adjustiertes R^2	ΔR^2	β im kompletten Modell
Step 1: Kognitive Grundfähigkeiten (T0)	.05	.06**	.01
Step 2: Verbales Arbeitsgedächtnis (T1)	.08	.04*	.00
Step 3: Hörverständnis (T2)	.11	.04*	.04
Step 4: Dekodierfähigkeit (T2)	.45	.34**	.51**
Step 5: Wortschatz Deutsch (T2)	.48	.03*	.16
Step 6: Phonologische Bewusstheit (T2)	.50	.03**	.45**
Step 7: Sprachgruppe (1=bilingual, 0=monolingual); Interaktion: Phonologische Bewusstheit x Sprachgruppe			-.62**

Anmerkungen: Signifikanzen für ΔR^2 beziehen sich auf die Veränderungen der F-Werte für die jeweiligen Schritte in der Regressionsanalyse. Um die Konfundierung der Variablen zu reduzieren, wurden die Werte für phonologische Bewusstheit und den Interaktionsterm vorab standardisiert; * p < .05; ** p < .01.

Auch hier ist die Linearkombination der Prädiktorvariablen in den vollständigen Regressionsgleichungen für beide Messzeitpunkte signifikant [T3 auf T1: $F(7,114) = 15,94$, $p = .000$); T3 auf T2: $F(8,110) = 17,94$, $p = .000$]. In der ersten Serie von Analysen, bei denen zur Vorhersage von Leseverständnis zu T3 die zu T1 gemessenen Prädiktoren verwendet wurden (vgl. obere Hälfte von Tabelle 7), lassen sich im Gesamtmodell nur die Effekte von Dekodierfähigkeit, Wortschatz und phonologischer Bewusstheit gegen den Zufall absichern. Weder die Gruppenzugehörigkeit noch die Interaktion zwischen Gruppenzugehörigkeit und phonologischer Bewusstheit leisten einen signifikanten Beitrag zur Vorhersage des Leseverständnisses. Für den Zusammenhang zwischen den Prädiktoren zum ersten Messzeitpunkt und dem Leseverständnis zum dritten Messzeitpunkt ergibt sich also kein Hinweis auf einen differenziellen Einfluss von phonologischer Bewusstheit in den zwei Sprachgruppen.

In der zweiten Serie von Analysen, die sich auf den Zusammenhang zwischen den zu T2 erhobenen Prädiktoren und Leseverständnis zu T3 beziehen (vgl. untere Hälfte von Tabelle 7), ist dagegen der erwartete Interaktionseffekt zu beobachten. Auch hier ist ein bedeutsamer Einfluss von Dekodierfähigkeit und phonologischer Bewusstheit auf Leseverständnis zu erkennen. Darüber hinaus werden jedoch in diesem Fall auch die Koeffizienten für die Gruppenzugehörigkeit und die Interaktion zwischen Gruppenzugehörigkeit und phonologischer Bewusstheit signifikant. Dieses Befundmuster ist auch ohne Berücksichtigung des Hörverständnisses stabil. Demnach sind bei Kontrolle der anderen im Modell enthaltenen Prädiktoren die monolingual deutschsprachigen Kinder den bilingual türkisch-deutschsprachigen Kindern im Hinblick auf ihr Leseverständnis überlegen. Gleichzeitig weist der negative Koeffizient des Interaktionsterms darauf hin, dass die phonologische Bewusstheit für die Vorhersage des Leseverständnisses in der monolingualen Gruppe eine wichtigere Rolle spielt als in der bilingualen Gruppe. Damit kann die Hypothese 2 zumindest in Bezug auf den Zusammenhang zwischen phonologischer Bewusstheit am Ende der zweiten Klassenstufe und Lesekompetenz in der Mitte der dritten Klassenstufe als bestätigt gelten.

5. Diskussion

In dieser Studie wurden Prädiktoren von Leseverständnis bei monolingual deutschsprachigen und bilingual türkisch-deutschsprachigen Kindern im Grundschulalter untersucht. Aufgrund des Längsschnittdesigns der Untersuchung war es möglich, neben Mittelwertsunterschieden auch differenzielle Muster in den Vorhersagemodellen für die beiden Gruppen zu identifizieren. Es wurde angenommen, dass bilingual türkisch-deutschsprachige Kinder über ein höheres Maß an phonologischer Bewusstheit verfügen als monolingual deutschsprachige Kinder (Hypothese 1). Diese Vorhersage basiert auf theoretischen Annahmen und Befunden früherer Analysen, die erstens darauf hinweisen, dass mehrsprachige Kinder häufig über bessere metalinguistische Fähigkeiten verfügen als einsprachige Kinder, und die zweitens erwarten lassen, dass türkischsprachige Kinder aufgrund der strukturellen Besonderheiten des Türkischen vergleichsweise gute phonologische Fähigkeiten entwickeln sollten. Weiterhin wurde erwartet, dass phonologische Bewusstheit bei türkisch-deutschsprachigen Kindern ein weniger bedeutsamer Prädiktor von Lesekompetenz ist als bei ausschließlich deutschsprachigen Kindern (Hypothese 2). Diese Vermutung begründet sich zum einen aus der Annahme einer besser entwickelten phonologischen Bewusstheit der türkisch-deutschsprachigen Kinder und zum anderen aus Befunden früherer Studien, die gezeigt haben, dass Schülerinnen und Schüler türkischer Herkunftssprache in Deutschland tendenziell ein geringeres Niveau der Lesekompetenz erreichen als Schülerinnen und Schüler deutscher Herkunftssprache.

Für die erste Hypothese konnten in der Studie keine eindeutigen Belege gefunden werden. Die türkisch-deutschsprachigen Schülerinnen und Schüler erzielten auf den Skalen der phonologischen Bewusstheit und des verbalen Arbeitsgedächtnisses zwar tendenziell etwas bessere Leistungen, die Unterschiede waren jedoch nur für die Pseudowortsegmentierung am Ende der zweiten Klassenstufe signifikant. In multivariaten Tests über alle Skalen konnten die Gruppenunterschiede nicht gegen den Zufall abgesichert werden.

Die geringen Mittelwertdifferenzen zwischen den Gruppen in der phonologischen Bewusstheit könnten unter anderem auf den Zeitpunkt der Messung und die Einflüsse des Leseunterrichts zurückzuführen sein. Bialystok (2002) etwa geht davon aus, dass die Vorteile bilingualer Vorschulkinder in der ersten Klasse häufig verschwinden und dann unter Umständen im Verlauf der zweiten Klassenstufe wieder erkennbar werden. Allerdings weist sie auch darauf hin, dass die Differenzen durch systematischen Leseunterricht in der Grundschule nivelliert werden können. Es wäre also möglich, dass die zweisprachigen Kinder vor Eintritt in die Grundschule nachweisbar bessere phonologische Fähigkeiten aufgewiesen haben, die einsprachigen Kinder ihren Nachteil jedoch durch den Leseunterricht bis zur zweiten Klasse weitgehend aufholen konnten. Da keine Daten für die Kinder im Vorschulalter vorliegen, lässt sich diese Vermutung in der vorliegenden Studie allerdings nicht prüfen.

Die zweite Hypothese hingegen konnte für die Vorhersage von Leseverständnis zu T3 (Mitte der 3. Klasse) anhand der Prädiktoren zu T2 (Ende der 2. Klasse) bestätigt werden. Für die zu T1 (Mitte der 2. Klasse) gemessene phonologische Bewusstheit ergab sich bei der Vorhersage des Leseverständnisses zu

T3 in den bilingualen und monolingualen Gruppen zwar noch eine vergleichbare Bedeutung. Der Einfluss der zu T2 (Ende der 2. Klasse) erhobenen phonologischen Fähigkeiten war dagegen nur noch in der monolingualen Gruppe signifikant. Auch komplexere Analysen, in denen der Einfluss phonologischer Bewusstheit als latenter Faktor in Strukturgleichungsmodellen untersucht wurde, bestätigen die geringere Bedeutung dieser Fähigkeit für Leseverständnis bei den bilingualen Kindern (Limbird, in Vorb.), und zwar auch für den Zuwachs der Lesekompetenz über die Zeit. Darüber hinaus weisen die Ergebnisse dieser Analysen darauf hin, dass der Wortschatz für die türkisch-deutschsprachigen Kinder eine größere Rolle bei der Entwicklung von Lesekompetenz spielen könnte als bei den ausschließlich deutschsprachigen Kindern. Allerdings konnte kein gemeinsames Strukturgleichungsmodell identifiziert werden, mit dem sich das Zusammenhangsgefüge der Variablen in beiden Gruppen angemessen abbilden lässt. Dies stimmt mit Befunden von Verhoeven (2000) überein, der ebenfalls durch eine separate Modellierung der sprachlichen Kompetenzen von Kindern, die Niederländisch als Erst- oder Zweitsprache gelernt haben, eine bessere Anpassung erreichen konnte als in einer gemeinsamen Analyse der Daten. Weiterhin ergaben Verhoevens (2000) Ergebnisse ebenfalls Hinweise darauf, dass der Wortschatz für das Leseverständnis bei Kindern in einer L2 eine wichtigere Rolle spielt als bei Kindern, die in ihrer Erstsprache das Lesen lernen.

Bei der vorliegenden Studie handelt es sich um eine erste Untersuchung zur Rolle verschiedener Einflussfaktoren von Lesekompetenz bei monolingual deutschsprachigen und bilingual türkisch-deutschsprachigen Kindern. Eine besondere Stärke der Studie ist ihre längsschnittliche Anlage, die es erlaubt, den Einfluss der Prädiktoren auf die Lesekompetenz zu späteren Zeitpunkten zu prüfen (vgl. auch Limbird, in Vorb. für vertiefende Analysen der Entwicklung von Lesekompetenz über die Zeit). Eine Einschränkung der Studie besteht allerdings darin, dass keine Informationen über den familiären Hintergrund der Schülerinnen und Schüler etwa in Bezug auf den sozioökonomischen Status oder das Bildungsniveau der Eltern vorliegen, da eine Befragung der Eltern im Rahmen des Projekts „BeLesen" nicht vorgesehen war. Es ist also offen, inwieweit die untersuchten Gruppen im Hinblick auf diese Faktoren vergleichbar sind. Mithilfe der Informationen aus dem Berliner Sozialstrukturatlas konnte jedoch gewährleistet werden, dass die einbezogenen Schulen in strukturell ähnlich stark benachteiligten Einzugsgebieten liegen.

Als weitere Einschränkung der Studie ist die Erfassung des Leseverständnisses zu nennen, für das aufgrund des gewählten Messzeitpunkts in der Mitte der 3. Klassenstufe und der relativ leistungsschwachen Stichprobe ein eher niedriges Anspruchsniveau gewählt werden musste. Die Texte im eingesetzten ELFE-Test sind kurz, der verwendete Wortschatz ist relativ einfach und die grammatischen Strukturen sind wenig komplex. Anhand der Ergebnisse der Studie können daher keine Schlussfolgerungen darüber abgeleitet werden, welchen Einfluss die untersuchten Prädiktoren für Leseverständnis bei anspruchsvolleren Texten haben. Theoretische Annahmen und empirische Befunde früherer Studien lassen vermuten, dass die Bedeutung verbaler Fähigkeiten zunimmt je besser die Dekodierung beherrscht wird und je mehr Inferenzen notwendig sind, um den Text zu verstehen (vgl. z.B. Cummins & Swain, 1986; Proctor et al., 2005). Dieser Effekt könnte beim Lesen in einer Zweitsprache besonders ausgeprägt sein. Um dies zu prüfen wäre eine längerfristige Beobachtung der Entwicklung von Lesekompetenz über die dritte Klassenstufe hinaus notwendig.

Aus den Befunden der vorliegenden Studie, die auf eine geringere Bedeutung phonologischer Bewusstheit für Lesekompetenz in einer Zweitsprache hinweist, kann freilich nicht geschlossen werden, dass nur einsprachige Kinder von einer frühen Förderung phonologischer Fähigkeiten profitieren können. So zeigte sich in einer Studie von Stuart (1999), dass Fünfjährige, die an einem phonologischen Training teilgenommen hatten, deutlich größere Leistungszuwächse in den Bereichen Lesen und Rechtschreibung in ihrer Zweitsprache Englisch erzielten als eine Kontrollgruppe. Ähnliche Ergebnisse werden auch aus einer noch laufenden Studie in Deutschland berichtet (Weber, Marx & Schneider, 2005). Erste Befunde dieser Untersuchung weisen darauf hin, dass die Kinder nichtdeutscher Herkunftssprache in der Stichprobe teilweise sogar noch stärker von einem Training phonologischer Bewusstheit im Kindergarten profitierten als die Kinder deutscher Herkunftssprache. Dennoch blieben die Kinder nichtdeutscher Herkunftssprache insgesamt in ihren Leistungen hinter denen der Vergleichsgruppe zurück. Daraus lässt sich schließen, dass weitere Faktoren für die Förderung von Lesekompetenz in Deutsch als Zweitsprache von Bedeutung sind. Nach den Befunden der vorliegenden Studie könnte ein zentraler Faktor der Wortschatz der Kinder sein. Darüber hinaus spielt möglicherweise die Vertrautheit mit den linguistischen Strukturen der Zweitsprache eine wichtige Rolle (Rösch, 2003 und Titel in Vorbereitung; Stanat, Baumert & Müller, 2005; Stanat & Müller, 2006). Allgemein scheinen die existierenden Lesemodelle nicht uneingeschränkt auf die Lesekompetenz in einer Zweitsprache übertragbar zu sein. Mit der vorliegenden Studie konnte ein erster Beitrag zur Bestimmung von Gemeinsamkeiten und Unterschieden geleistet werden, die in zukünftigen Studien weiter spezifiziert und differenziert werden müssen.

Literatur

Arab-Moghaddam, N. & Senechal, M. (2001). Orthographic and phonological processing skills in reading and spelling in Persian/English bilinguals. *International Journal of Behavioral Development, 25*, 140-147.
Baumert, J., Klieme, E., Neubrand, M., Prenzel, M., Schiefele, U., Schneider, W., Stanat, P., Tillmann, K.-J. & Weiss, M. (Hrsg.). (2001). *PISA 2000: Basiskompetenzen von Schülerinnen und Schülern im internationalen Vergleich.* Opladen: Leske + Budrich.
Bialystok, E. (2002). Acquisition of literacy in bilingual children: A framework for research. *Language Learning, 52*, 159-199.
Bialystok, E., Majumder, S. & Martin, M. (2003). Developing phonological awareness: Is there a phonological advantage? *Applied Psycholinguistics, 24*, 27-44.
Bone, R., Cirino, P., Morris, R. & Morris, M. (2002). Reading and phonological awareness in reading disordered adults. *Developmental Neuropsychology, 21*, 306-320.
Bos, W., Lankes, E. M., Prenzel, M., Schwippert, K., Walter, G. & Valtin, R. (Hrsg.). (2003). *Erste Ergebnisse aus IGLU. Schülerleistungen am Ende der vierten Jahrgangsstufe im internationalen Vergleich.* Münster: Waxmann.
Brady, S. & Shankweiler, D. (Eds.). (1991). *Phonological processes in literacy.* Hillsdale, NJ: Erlbaum.
Bradley, L. & Bryant, P. (1985). *Children's reading problems.* Oxford: Blackwell.
Bruck, M. (1992). Persistence of dyslexics' phonological awareness deficits. *Developmental psychology, 28*, 847-886.
Bruck, M. & Genesee, F. (1995). Phonological awareness in young second language learners. *Journal of Child Language, 22*, 307-324.
Bruck, M., Genesee, F. & Caravolas, M. (1997). A cross linguistic study of early literacy acquisition. In B. Blanchman (Ed.), *Foundations of reading acquisition and dyslexia: Implications for early intervention* (pp. 145-162). Hillsdale, NJ: Erlbaum.
Caravolas, M. & Bruck, M. (1993). The effect of oral and written language input on children's phonological awareness: A cross linguistic study. *Journal of Experimental Child Psychology, 55*, 1-30.
Cattell, R., Weiß, R. & Osterland, J. (1997). *Grundintelligenztest Skala 1 (CFT 1), (5. Auflage).* Braunschweig: Westermann.
Chiappe, P. & Siegel, L. S. (1999). Phonological awareness and reading acquisition in English and Punjabi-speaking Canadian children. *Journal of Educational Psychology, 91*, 20-28.
Chiappe, P., Siegel, L. S. & Gottardo, A. (2002). Reading-related abilities of kindergartners from diverse linguistic backgrounds. *Applied Psycholinguistics, 23*, 95-116.
Cisero, C. & Royer, J. (1995). The development and cross-language transfer of phonological awareness. *Contemporary Educational Psychology, 20*, 275-303.
Comeau, L. & Cormier, P. (2000). The Pseudoword Span Test: A manual for administration and scoring. (CD-ROM). Test manual available at: Ovid Technologies, Health and psychosocial Instruments database, Pittsburg, PA.

Comeau, L., Cormier, P., Grandmaison, E. & Lacriox, D. (1999). A longitudinal study of phonological processing skills in children learning to read in a second language. *Journal of Educational Psychology, 91*, 29-43.

Cossu, G., Shankweiler, D., Liberman, I. S., Katz, L. & Tola, G. (1988). Awareness of phonological segments and reading ability in Italian children. *Applied Psycholinguistics, 9*, 1-16.

Cummins, J. & Swain, M. (1986). *Bilingualism in education: Aspects of theory, research and practice.* London: Longman.

de Jong, P. & van der Leij, A. (1999). Specific contributions of phonological abilities to early reading acquisition: Results from a Dutch latent variable longitudinal study. *Journal of Educational Psychology, 91*, 450-476.

Durgunoğlu, A. Y., Nagy, W. E. & Hancin-Bhatt, B. (1993). Cross language transfer of phonological awareness. *Journal of Educational Psychology, 85*, 453-465.

Durgunoğlu, A. Y. & Öney, B. (1999). A cross linguistic comparison of phonological awareness and word recognition. *Reading and Writing: An Interdisciplinary Journal, 11*, 281-299.

Frost, J. (2001). Differences in reading development among Danish beginning readers with high versus low phonemic awareness on entering grade one. *Reading and Writing, 14*, 615-642.

Geva, E. & Siegel, L. (2000). Orthographic and cognitive factors in the concurrent development of basic reading skills in two languages. *Reading and Writing, 12*, 1-31.

Geva, E., Yaghoub-Zadeh, Z. & Schuster, B. (2000). Understanding individual differences in word recognition skills of ESL children. *Annals of Dyslexia, 50*, 121-154.

Goswami, U. & Bryant, P. (1990). *Phonological skills and learning to read.* Hillsdale, NJ: Erlbaum.

Gottardo, A. (2002). The relationship between language and reading skills in bilingual Spanish-English speakers. *Topics in Language Disorders, 22*, 46-70.

Gottardo, A., Yan, B., Siegel, L. & Wade-Woolley, L. (2001). Factors related to English reading performance in children with Chinese as a first language: More evidence of cross-language transfer. *Journal of Educational Psychology, 93*, 530-542.

Gough, P. B. & Tunmer, W. E. (1986). Decoding, reading, and reading disability. *Remedial and Special Education, 7*, 6-10.

Green, S., Salkind, N. & Akey, T. (2000). *Using SPSS for Windows: Analyzing and understanding data.* Upper Saddle River, NJ: Prentice Hall.

Hagtvet, B. (1993). From oral to written language: A developmental and interventional perspective. *European Journal of Psychology of Education, 8*, 205-220.

Hakuta, K. (1986). Cognitive development of bilingual children. Center for Language Education and Research Educational Report Series, No. 3. California:. UCLA.

Ho, C. S.-H. & Bryant, P. (1997). Phonological skills are important in learning to read Chinese. *Developmental Psychology, 33*, 946-951.

Klicpera, C. & Schachner-Wolfram, S. (1987). Entwicklung des metalinguistischen und phonematischen Bewusstseins während des ersten Schuljahres. *Frühförderung interdisziplinär, 6*, 26-32.

Küspert, P. & Schneider, W. (2001). Die Würzburger Leise Leseprobe (WLLP). In G. Schulte-Körne (Hrsg.), *Legasthenie: Erkennen, verstehen, fördern* (S. 175-178). Bochum: Winkler.

Lafrance, A. & Gottardo, A. (2003). *Bilingual reading performance: How are phonological processing skills related across languages?* Paper presented at the Society for Research in Child Development, Tampa, FL.

Landerl, K. & Wimmer, H. (1994). Phonologische Bewußtheit als Prädiktor für Lese- und Schreibfertigkeiten in der Grundschule. *Zeitschrift für Pädagogische Psychologie, 8*, 153-164.

Landerl, K., Linortner, R. & Wimmer, H. (1992). Phonologische Bewusstheit und Schriftspracherwerb im Deutschen. *Zeitschrift für Pädagogische Psychologie, 6*, 17-33.

Lerkkanen, M. K., Rasku-Puttonen, H., Aunola, K. & Nurmi, J. E. (2004). Predicting first reading performance during the first and the second year of primary school, *British Educational Research Journal, 30*, 67-92.

Lenhard, W. & Schneider, W. (2005). ELFE 1-6: *Ein Leseverständnistest für Erst- bis Sechstklässler*. Abgerufen am 04.07.2005 von www.elfe-lesetest.de.

Lesaux, N. & Siegel, L. (2003). The development of reading in children who speak English as a second language. *Developmental Psychology, 39*, 1005-1019.

Liberman, I. Y. & Liberman, A. M. (1990). Whole word vs. code emphasis: Underlying assumptions and their implications for reading instruction. *Bulletin of the Orton Society, 40*, 51-76.

Liberman, I. Y., Schankweiler, D. & Liberman, A. M. (1989). The alphabetic principle and learning to read. In D. Schankweiler & I. Y. Liberman (Eds.), *Phonology and reading disability: Solving the reading puzzle* (pp. 1-34). Ann Arbor, MI: University of Michigan Press.

Limbird, C. K. (in Vorb.). *Phonological processing, verbal abilities, and second language literacy development among bilingual Turkish children in Germany*. Freie Universität Berlin.

Manis, F., Lindsey, K. & Baily, C. (2004). Development of reading in grades K-2 in Spanish speaking English-language learners. *Learning Disabilities Research and Practice, 19*, 214-224.

Marx, H. (1998). *Knuspels Leseaufgaben (Knuspel L)*. Göttingen: Hogrefe.

Mayringer, H., Wimmer, H. & Landerl, K. (1998). Die Vorhersage früher Lese- und Rechtschreibschwierigkeiten: Phonologische Schwächen als Prädiktoren. *Zeitschrift für Entwicklungspsychologie und Pädagogische Psychologie, 30*, 57-69.

McBride-Chang, C. (1995). What is phonological awareness? *Journal of Educational Psychology, 87*, 179-192.

McBride-Chang, C., Bialystok, E., Chong, K. & Li, Y. (2004). Levels of phonological awareness in three cultures. *Journal of Experimental Child Psychology, 89*, 93-111.

McBride-Chang, C., Wagner, R. & Chang, L. (1997). Growth modeling of phonological awareness. *Journal of Educational Psychology, 89*, 621-630.

Mclean, M., Bryant, P. & Bradley, L. (1987). Rhymes, nursery rhymes and reading in early childhood. *Merrill Palmer Quarterly, 33*, 225-281.

Müller, K. & Brady, S. (2001). Correlates of early reading performance in a transparent orthography. *Reading and Writing, 14*, 757-799.

Mumtaz, S. & Humphreys, G. (2001). The effects of bilingualism on learning to read English: Evidence from the contrast between Urdu-English bilingual and monolingual children. *Journal of Research in Reading, 24*, 113-134.

Munoz-Sandoval, A., Cummins, J., Alvarado, C. & Ruef, M. (1998). *Bilingual verbal abilities test: Comprehensive manual.* Itasca, IL: Riverside Publishing.

Näslund, J. & Schneider, W. (1991). Longitudinal effects of verbal ability, memory capacity, and phonological awareness on reading performance. *European Journal of Psychology of Education, 6*, 375-392.

Näslund, J. & Schneider, W. (1996). Kindergarten letter knowledge, phonological skills, and memory processes: Relative effects on early literacy. *Journal of Experimental Child Psychology, 62*, 30-59.

Olson, R. K., Wise, B. W., Johnson, M. C. & Ring, J. (1997). The etiology and remediation of phonologically based word recognition and spelling disabilities. In B. A. Blanchman (Ed.), *Foundations of reading acquisition and dyslexia: Implications for early intervention* (pp. 305–326). Mahwah, NJ: Erlbaum.

Öney, B. & Durgunoğlu, A. (1997). Beginning to read in Turkish: A phonologically transparent orthography. *Applied Psycholinguistics, 18*, 1-15.

Pratt, A. & Brady, S. (1988). Relation of phonological awareness to reading disability in children and adults. *Journal of Educational Psychology, 80*, 319-323.

Proctor, C. P., Carlo, M., August, D. & Snow, C. (2005). Native Spanish speaking children reading in English: Toward a model of comprehension. *Journal of Educational Psychology, 97*, 246-256.

Queen, R. (2001). Bilingual intonation patterns: Evidence of language change from Turkish-German bilingual children. *Language in Society, 30*, 55-80.

Royer, J. & Carlo, M. (1991). Transfer of comprehension skills from native to second language. *Journal of Reading, 34*, 450-455.

Rösch, H. (in Vorb.). Die DaZ-Reise mit Bremer Grundschülern – Konzeption und Erfahrungen (Arbeitstitel).

Rösch, H. (2003). *Deutsch als Zweitsprache: Grundlagen, Übungsideen und Kopiervorlagen für die Sprachförderung.* Hannover: Schroedel.

Schneider, W. & Näslund, J. (1999a). Impact of early phonological processing skills on reading and spelling in school: Evidence from the Munich longitudinal study. In F. Weinert & W. Schneider (Eds.), *Individual Development from 3 to 12* (pp.126-153). Cambridge: Cambridge University Press.

Schneider, W. & Näslund, J. (1999b). The impact of early metalinguistic competencies and memory capacity on reading and spelling in elementary school: Results of the Munich longitudinal study on the genesis of individual competencies (LOGIC). *European Journal of the Psychology of Education, 8*, 273-287.

Share, D. & Stanovich, K. (1995). Cognitive processes in early reading development: Accommodating individual differences into a model of acquisition. *Issues in Education: Contributions from Educational Psychology, 1*, 1-57.

Shu, H., Anderson, R. & Wu, N. (2000). Phonetic awareness: Knowledge of orthography-phonology relationships in the character acquisition of Chinese children. *Journal of Educational Psychology, 92*, 56-62.

Stahl, S. & Fairbanks, M. (1986). The effects of vocabulary instruction: A model based meta-analysis. *Review of Educational Research, 56*, 72-110.

Stanat, P., Baumert, J. & Müller, A. G. (2005). Förderung von deutschen Sprachkompetenzen bei Kindern aus zugewanderten und sozial benachteiligten Familien: Das Jacobs-Sommercamp Projekt. *Zeitschrift für Pädagogik, 6,* 856-875.

Stanat, P. & Müller, A. G. (2006). Förderung von Schülerinnen und Schülern mit Migrationshintergrund. In H. Bartnitzky & A. Speck-Hamdan (Hrsg.), *Deutsch als Zweitsprache lernen* (S. 20-31). Frankfurt/M.: Grundschulverband.

Stanovich, K. E. (1992). Speculations on the causes and consequences of individual differences in early reading acquisition. In P. B. Gough, B. Philip & L. C. Ehri (Eds.), *Reading acquisition* (pp. 307-342). Hillsdale, NJ: Erlbaum.

Stanovich, K. E. (1994). Romance and Reality. *Reading Teacher, 47*, 280-291.

Stock, C. & Schneider, W. (2004). *BAKO 1-4: Test zur Erfassung der phonologischen Bewusstheit im ersten bis vierten Grundschuljahr.* Göttingen: Hogrefe.

Stuart, M. (1999). Getting ready for reading: Early phoneme awareness and phonics teaching improves reading and spelling in inner-city second language learners. *British Journal of Educational Psychology, 69*, 587-605.

Tijms, J. (2004). Verbal memory and phonological processing in dyslexia. *Journal of Research in Reading, 27*, 300-310.

Verhoeven, L. (2000). Components in early second language reading and spelling. *Scientific Studies Studies of Reading, 4*, 313-330.

Wagner, R. K., Torgesen, J. K. & Rashotte, C. A. (1994). Development of reading related phonological processing abilities: New evidence of bidirectional causality from a latent variable longitudinal study. *Developmental Psychology, 30*, 73-87.

Weber, J., Marx, P. & Schneider, W. (2005, März). Hilft ein vorschulisches Training der phonologischen Bewusstheit auch Kindern mit Migrationshintergrund? In C. Limbird & P. Stanat (Organisatoren), Entwicklung von Lesekompetenz bei Schülerinnen und Schülern nichtdeutscher Herkunftssprache. Symposium auf der 66. Tagung der Arbeitsgruppe für Empirische Pädagogische Forschung (AEPF), Berlin.

Egalitäre Orientierungen und Geschlecht: Ergebnisse einer Längsschnittstudie

Egalitarian orientations and gender: Results from a longitudinal study

Rainer Watermann, Gabriel Nagy

Zusammenfassung: Im Zentrum des Beitrags steht die Modellierung geschlechtsspezifischer Verläufe egalitärer Orientierungen vom frühen Jugendalter bis in das junge Erwachsenenalter. $N = 4161$ Untersuchungsteilnehmer wurden zu vier Messzeitpunkten im Alter von 13, 16, 18 und 21 Jahren befragt. Ergebnisse aus Strukturgleichungsmodellen weisen auf eine hohe positionale Stabilität egalitärer Orientierungen während dieser Entwicklungsphase hin. Die Verläufe von Jungen und Mädchen unterschieden sich signifikant. Entsprechend der Theorie sozialer Dominanz waren Mädchen bereits im Alter von 13 Jahren egalitärer eingestellt als Jungen. Der Geschlechterunterschied vergrößerte sich im Jugendalter, nahm jedoch bis in das junge Erwachsenenalter wieder ab. Wie erwartet fand sich ein negativer Zusammenhang zwischen egalitären Orientierungen und fremdenfeindlichen Einstellungen. Die Ergebnisse werden bezüglich ihrer Bedeutung für die politische Sozialisation im Jugendalter diskutiert.

Abstract: The present paper investigates gender-specific trajectories of egalitarian orientations from early adolescence through young adulthood. A sample of $N = 4161$ participants was tested at four measurement points at age 13, 16, 18, and 21 years old. Results from structural equation modelling reveal a high positional stability of egalitarian orientations during this developmental phase. Male and female adolescents' trajectories differed significantly. In line with social dominance theory female adolescents scored higher on egalitarian orientations than male adolescents already at the age of 13. The gender gap widens until the age of 16. However, the gender difference decreased again up to young adulthood. As expected, a negative relationship between egalitarian orientations and xenophobic attitudes was found. The results are discussed with regard to processes of political socialization in adolescence.

1. Einleitung

In der politischen Sozialisationsforschung zählen Geschlechterunterschiede im Bereich sozio-politischer Einstellungen zu den robustesten Befunden. So sind Frauen in höherem Maße bereit als Männer, Zuwanderern Rechte und Chancen, wie sie Deutsche haben, einzuräumen. Sie zeigen ein größeres Interesse für sozialpolitische Fragen als Männer (Kuhn, 2005; Kuhn & Schmid, 2004; Schmid, 2004) und sie sind gegenüber sozialpolitischen Maßnahmen (z.B. Entwicklungshilfemaßnahmen) positiver eingestellt (Conover & Sapiro, 1993; Marjoribanks, 1981; Shapiro & Majahan, 1986). In der sozialpsychologischen Theoriebildung werden Unterschiede zwischen Männern und Frauen im sozio-politischen Bereich auf eine Dimension zurückgeführt, die Eisler und Loye (1983) anhand der beiden Pole *linking* vs. *ranking* beschrieben haben (vgl. auch Sidanius, Cling & Pratto, 1991). Auf dieser Dimension können Personen dahingehend unterschieden werden, inwieweit sie egalitäre Beziehungen zwischen sozialen Gruppen unterstützen (*linking* bzw. egalitäre Orientierung) bzw. hierarchisch strukturierte Beziehungen zwischen diesen legitimieren (*ranking* bzw. dominante Orientierung). Vielfach ist gezeigt worden, dass die Ausprägungen auf dieser Dimension mit spezifischen Einstellungen, Wahrnehmungen und Bewertungen, die den sozio-politischen Bereich betreffen (z.B. Vorurteile gegenüber ethnischen Minderheiten), kovariieren und diese als Teile eines relativ konsistenten Gesellschaftsbildes erkennen lassen. Aus diesem Grund sind die differenzielle Untersuchung der Entwicklung egalitärer bzw. dominanter Orientierungen und deren Bedingungen von hoher Relevanz.

Bislang sind Geschlechterunterschiede in egalitären bzw. dominanten Orientierungen umfassend bei Erwachsenen untersucht worden, wobei die Einflüsse kultureller, situationaler und personaler Faktoren im Mittelpunkt standen (Sidanius & Pratto, 1999; Sidanius, Pratto & Bobo, 1994). Demgegenüber gibt es kaum Untersuchungen, die sich mit der Entwicklung derartiger Orientierungen vom frühen Jugendalter bis in das frühe Erwachsenenalter befassen. So ist weitgehend ungeklärt, in welchen Phasen (etwa Kindes-, Jugend- oder frühes Erwachsenenalter) Geschlechterunterschiede entstehen und wie die geschlechtsspezifischen Verläufe egalitärer bzw. dominanter Orientierungen beschrieben werden können.

Der vorliegende Beitrag geht diesen Fragen auf der Grundlage eines Teildatensatzes der am Max-Planck-Institut für Bildungsforschung, Berlin, durchgeführten Mehrkohorten-Längsschnittstudie „Bildungsverläufe und psychosoziale Entwicklung im Jugend- und jungen Erwachsenenalter" (BIJU) nach. Im Zentrum stehen die Modellierung des geschlechtsspezifischen Verlaufs egalitärer Orientierungen und die Analyse des Zusammenhangs zu Einstellungen zur Eingliederung von Zuwanderern bei Jungen und Mädchen vom 13. bis zum 21. Lebensjahr.

Der Beitrag ist wie folgt aufgebaut: Ausgehend von der Theorie sozialer Dominanz (Sidanius & Pratto, 1999), die den theoretischen Bezugsrahmen für das Konzept der egalitären Orientierung bildet, wird der Forschungsstand zu egalitären Orientierungen und Geschlecht bei Erwachsenen und Jugendlichen beschrieben. Daran anschließend werden die Fragestellungen abgeleitet und es wird die Datengrundlage beschrieben. Da die Modellierung der geschlechtsspezifischen Verläufe im Mittelpunkt steht, werden Modelle aus dem Strukturgleichungsansatz beschrieben, die zur Analyse der Verläufe geeignet sind. Im Ergebnisteil werden die Modelle geprüft. Schließlich wird der Zusammenhang zwischen egalitären Orientierungen und den Einstellungen zur Eingliederung von Zuwanderern untersucht. Der Beitrag endet mit einer Zusammenfassung und einem Ausblick.

2. Theorie und Forschungsstand zu egalitären Orientierungen und Geschlecht

Als theoretischer Bezugsrahmen für die Herleitung des Konstrukts der egalitären Orientierung wird die Theorie sozialer Dominanz gewählt (*Social Dominance Theory*/SDT; Sidanius & Pratto, 1999). Im Zentrum dieses Ansatzes steht das Personenmerkmal der sozialen Dominanzorientierung, das definiert ist als eine „very general individual difference orientation expressing the value that people place on nonegalitarian and hierarchically structured relationships among social groups" (61). Sidanius, Levin und Federico (1998) sprechen von einem „more general desire for unequal relations among social groups". Bei der sozialen Dominanzorientierung handelt es sich demzufolge um eine generalisierte Orientierung bezüglich hierarchisch strukturierter Beziehungen zwischen sozialen Gruppierungen. Mit anderen Worten unterscheiden sich Individuen in ihrem Streben nach Ungleichheitsverhältnissen zwischen sozialen Gruppen.

Nach Sidanius und Pratto (1999) bezieht sich diese Dominanzorientierung vor allem auf die Überlegenheit der eigenen Referenzgruppe (*Ingroup*), d.h. jener Gruppe, aus der Individuen einen Teil ihrer Selbstwertschätzung ziehen (das können nationale, ethnische oder andere soziale Gruppen oder Kategorien sein, die zur Selbstdefinition herangezogen werden). Vor allem in Situationen, in denen Menschen meinen, dass der Status ihrer Gruppe (ihre *Ingroup*) gefährdet ist oder die Gruppengrenzen durchlässig werden, versuchen Menschen, die Dominanz der Ingroup aufrechtzuerhalten und zu stabilisieren. Das kann zum Beispiel durch die Annahme und Äußerung dominanz-legitimierender Mythen geschehen. Soziale Vorurteile, die Ideologie der Leistungsgesellschaft, Einstellungen zu ethnischen Minderheiten, Konservatismus etc. sind solche Mythen. Die Theorie sozialer Dominanz geht weiterhin davon aus, dass die soziale Dominanzorientierung die Äußerung dominanz-legitimierender Mythen beeinflusst.

Zur Messung der sozialen Dominanzorientierung wurden verschiedene Instrumente entwickelt, die im Kern auf zwei Dimensionen abzielen – Dominanz und Egalitarismus –, deren empirische Distinktheit aber letztlich nicht geklärt scheint. So argumentiert Rabinowitz (1999), dass eine zweidimensionale Betrachtung im Wesentlichen auf Methodenvarianz infolge negativ formulierter Items zurückgehe. Es scheint daher legitim, Indikatoren einer egalitären Orientierung als den negativen Pol einer sozialen Dominanzorientierung zu betrachten (vgl. hierzu auch Sidanius & Pratto, 1999, Kapitel 3). Aus diesem Grund werden die Begriffe *soziale Dominanzorientierung* und *egalitäre Orientierung* im weiteren Verlauf – im Sinne der Unterscheidung *ranking* vs. *linking* – als Endpunkte einer einzigen Dimension betrachtet.

Über die Bedeutung einer *Ingroup* für den Ausdruck sozialer Dominanz hinausgehend, besteht eine weitere Annahme der Theorie sozialer Dominanz darin, dass sich Männer und Frauen systematisch in der Ausprägung der sozialen Dominanzorientierung unterscheiden (Sidanius & Pratto, 1999; Sidanius, Pratto & Bobo, 1994; Sidanius, Pratto & Brief, 1995). Als Sidanius und Ekehammar (1982) die Theorie sozialer Dominanz entwickelten, gingen sie zunächst noch davon aus, dass vornehmlich evolutionsgeschichtliche Faktoren, vermittelt über die genetische Ausstattung von Männern und Frauen, bis in die Gegenwart für eine stärker ausgeprägte soziale Dominanzorientierung bei Männern verantwortlich seien. Diese einseitig biologistische Sichtweise auf Geschlechterunterschiede, die von Vertretern kultureller Ansätze stark kritisiert wurde (Ward, 1995), wurde jedoch bald aufgegeben und um die Bedeutung kontextueller, situationaler und personaler Faktoren erweitert, die zwischen den Geschlechtern variieren und mit der sozialen Dominanzorientierung in Zusammenhang stehen. So steht ein *sozialisationstheoretischer Ansatz*, der Unterschiede in der sozialen Dominanzorientierung als das Resultat geschlechtsspezifischer Sozialisations- und Lernprozesse betrachtet, durchaus nicht mehr im Widerspruch mit der Theorie sozialer Dominanz. Auch ein *situationaler* Ansatz, wonach beispielsweise Sozialstatusunterschiede in der Gesellschaft zugunsten der Männer Unterschiede in der sozialen Dominanzorientierung herbeiführen, passt sich in den Theorierahmen ein: Da Männer in der Gesellschaft im Mittel die statushöheren Positionen einnehmen, ist bei ihnen das Motiv des Statuserhalts und damit die Legitimation hierarchisch strukturierter Beziehungen zwischen der eigenen und den anderen Statusgruppen stärker ausgeprägt.

Die Theorie sozialer Dominanz behauptet jedoch, dass diese mit dem Geschlecht kovariierten Faktoren die Differenz zwischen Männern und Frauen in der sozialen Dominanzorientierung nicht vollständig vermitteln und dass *unabhängig von* und *zusätzlich zu* den kulturell-kontextuellen und situationalen Faktoren Geschlechterunterschiede bestehen, die auf genetische Dispositionen zurückgehen, die evolutiv in Wechselwirkung mit bestimmten Umwelten entstanden sind. Theoretisch führen die Vertreter der Theorie sozialer Dominanz die Geschlechterdifferenz also auf eine Wechselwirkung zwischen biologischen und kulturellen Faktoren zurück (*biocultural-interaction model*). Jede Eigenschaft eines Lebewesens wird als ein Produkt aus Anlage und Umwelt betrachtet, wobei die beiden Faktoren multiplikativ miteinander verknüpft sind. „What we consider ‚culture' may be attributable to the aggregated and highly interactive action of genes expressed within specific environmental contexts, and the continued evolution of genetic predispositions takes place within the selection environments created, in part, by ‚culture'" (Sidanius, Pratto, van Laar & Levin, 2004, 860). Demzufolge muss die soziale Dominanzorientierung als das Resultat einer komplexen Interaktion zwischen genetischen Dispositionen und umweltbezogenen Merkmalen betrachtet werden, die zu der Annahme relativ stabiler und über verschiedene Kontexte hinweg als universell zu betrachtender Geschlechterunterschiede führt.

Die Gruppe um Sidanius hat diese Annahme in einer Reihe von Arbeiten bestätigen können, indem sie Geschlechterunterschiede über eine Vielzahl unterschiedlicher kultureller, kontextueller, situationaler und intrapersonaler Faktoren hinweg nachweisen konnte (vgl. z.B. Pratto et al., 2000; Sidanius, Pratto & Bobo, 1994; Pratto, Sidanius, Stallworth & Malle, 1994). Auch bei maximal möglicher Kontrolle von Merkmalen, die als Vermittler zwischen Geschlecht und sozialer Dominanzorientierung in Frage kommen, war die soziale Dominanzorientierung bei Männern signifikant höher ausgeprägt als bei Frauen. Die Variable „Geschlecht" besaß in mehrfaktoriellen Analysen durchgängig einen eigenständigen Effekt (Haupteffekt) auf die soziale Dominanzorientierung.

3. Geschlechterunterschiede in egalitären Orientierungen im Jugendalter

Der Forschungsstand zu Geschlechterunterschieden in der sozialen Dominanzorientierung bei Jugendlichen ist unbefriedigend. Allenfalls gibt es im Bereich der politischen Sozialisationsforschung Hinweise darauf, dass sich Jungen und Mädchen in Einstellungen und Verhaltensweisen unterscheiden, die als Korrelate der sozialen Dominanzorientierung betrachtet werden können. An dieser Stelle soll stellvertretend hierfür auf die Ergebnisse einer international vergleichenden Jugendstudie zur politischen Bildung eingegangen werden, die eine exzellente empirische Datenbasis darstellt. Die bei 14-Jährigen durchgeführte *Civic-Education-Studie* (Torney-Purta, Lehmann, Oswald & Schulz, 2001) fand in 23 von 28 beteiligten Ländern substanzielle Unterschiede zwischen Jungen und Mädchen im Bereich der positiven Einstellungen zu den Rechten von Zuwanderern. Mädchen wiesen deutlich positivere Einstellungen auf als Jungen. Zwischen den Ländern bestanden zum Teil bedeutsame Unterschiede in der Größenordnung der Geschlechterunterschiede, was möglicherweise auf kulturelle Einflüsse oder länderspezifische Bedingungen verweist. So mag der Migrationsstatus in einigen Ländern weniger diskriminierend wirken als in anderen.

Ergebnisse bezüglich der Einstellungen zu egalitären politischen Rechten von Männern und Frauen stützen diesen Befund. Mädchen waren in allen teilnehmenden Ländern in deutlich höherem Maße bereit als Jungen, Frauen in der Gesellschaft die gleichen politischen Rechte einzuräumen wie den Männern. Der Geschlechterunterschied betrug mindestens eine Drittel Standardabweichung. Damit deuten die Befunde der *Civic-Education-Studie* darauf hin, dass Geschlechterunterschiede über kulturelle Grenzen hinweg bereits im Alter von 14 Jahren relativ deutlich ausgeprägt sind. Bezüglich gruppenbezogener Orientierungen, die explizit die Ungleichheitsbeziehungen zwischen Männern und Frauen in der Gesellschaft ansprechen, weist die Arbeit von Galambos und Mitarbeitern (1990) darauf hin, dass Jungen und Mädchen bereits im Alter von 12 Jahren differenzielle Sichtweisen entwickelt haben. Allerdings gibt es kaum empirisch tragfähige Arbeiten zu Orientierungen in Bezug auf andere soziale Gruppen. Über Assoziationen jüngerer Heranwachsender gibt eine qualitative Studie von Bjereld (2001) Auskunft, in der sechs- bis neunjährige Kinder zu politischen Themen wie Entwicklungshilfe und Verteidigung befragt wurden. Er konnte keine signifikanten Unterschiede zwischen Jungen und Mädchen in dieser Altersphase feststellen. Zusammenfassend sprechen die Ergebnisse dafür, dass die geschlechtsspezifische Formierung von sozio-politischen Einstellungen bereits im frühen Jugendalter beginnt und dass der Übergang von der Kindheit in das frühe Jugendalter eine diesbezüglich formative Phase darstellt.

4. Fragestellungen und Ausgangsannahmen

Gegenstand dieses Beitrags ist die Analyse der Entwicklung egalitärer Orientierungen bei Jungen und Mädchen über einen Zeitraum von 8 Jahren. Ziel ist es aufzuzeigen, wie sich egalitäre Orientierungen vom frühen Jugendalter (13 Jahre) bis in das frühe Erwachsenenalter (21 Jahre) geschlechtsspezifisch entwickeln. Dabei ist es aufgrund der Datenlage weder möglich noch beabsichtigt, die zuvor beschriebenen Modellvorstellungen zu Geschlechterunterschieden gegeneinander zu testen. Sie stellen vielmehr einen orientierenden Rahmen für die Ableitung von Fragestellungen und Hypothesen dar.

Die empirische Befundlage deutet darauf hin, dass Geschlechterunterschiede in egalitären Orientierungen bereits im frühen Jugendalter bestehen. Da die Erhebung der in diesem Beitrag verwendeten Längsschnittdaten im frühen Jugendalter, d.h. im Alter von 13 Jahren, begonnen hat, ist davon auszugehen, dass sich Jungen und Mädchen bereits zu Beginn der Untersuchung unterscheiden. Dieser früh festzustellende Geschlechterunterschied lässt sich sowohl mit frühen geschlechtsspezifischen Sozialisationsprozessen als auch mit der im Zuge der

Pubertät einsetzenden hormonellen Entwicklung erklären. Hieran anschließend stellt sich die Frage des weiteren Verlaufs über 8 Jahre. In Anlehnung an das von der SDT gegenwärtig vertretene biokulturelle Interaktionsmodell ist im Laufe des Jugendalters von einer divergenten Entwicklung zwischen Jungen und Mädchen auszugehen. Aus sozialisationstheoretischer Sicht erhalten die Gleichaltrigengruppe im Jugendalter und die dort gebildeten und kommunizierten Normen, die geschlechtsspezifisch sind, hohe Bedeutung. Fraglich ist die Entwicklung egalitärer Orientierungen beim Übergang vom Jugendalter in das junge Erwachsenenalter bzw. wenn der Übergang von der Schule in die Ausbildung oder in das Studium vollzogen wird. Da in der vorliegenden Untersuchung ausschließlich Schülerinnen und Schüler betrachtet werden, die die Oberstufe eines Gymnasiums oder einer Gesamtschule besucht haben und überwiegend im Anschluss daran ein Hochschulstudium begonnen haben, stellt sich die Frage, welchen Effekt die Hochschulsozialisation auf die geschlechtsspezifische Entwicklung egalitärer Orientierungen hat. In Anlehnung an die Theorie sozialer Dominanz kann die Hochschule als eine „hierarchy-attenuating environment" betrachtet werden, die einen positiven Effekt auf egalitäre Sichtweisen besitzt und möglicherweise zu einer Verringerung der Geschlechterunterschiede beiträgt.

Ein weiteres wichtiges Merkmal unserer Studie ist die Anwendung von Strukturgleichungsmodellen auf Längsschnittdaten. Wiederholte Messungen sind notwendig, um Stabilität und Wandel von interessierenden Sachverhalten bei Individuen und Gruppen zu untersuchen. Längsschnittdaten eignen sich einerseits zur Analyse intraindividueller Entwicklungen substanzieller Variablen über einen gegebenen Zeitraum als auch andererseits zur Betrachtung interindividueller Dispositionen. Innerhalb des Strukturgleichungsansatzes ist es möglich, verschiedene Modelle individueller Entwicklung zu spezifizieren und zu testen. Im Rahmen dieses Ansatzes wird auch geprüft, in welchem Zusammenhang egalitäre Orientierungen mit Einstellungen zur Eingliederung von Zuwanderern stehen. Ausgehend von der Theorie sozialer Dominanz sollte eine substanzielle Beziehung zwischen den beiden Konstrukten bestehen.

5. Methode

5.1 Datenbasis und Stichprobe

Die Datenbasis der vorliegenden Untersuchung bildet ein Teildatensatz der Untersuchung „Bildungsverläufe und psychosoziale Entwicklung im Jugend- und jungen Erwachsenenalter" (BIJU; Baumert et al., 1996; http://www.biju.mpg.de), die am Max-Planck-Institut für Bildungsforschung in Berlin durchgeführt wird.

Die Studie untersucht Bildungskarrieren im Jugend- und frühen Erwachsenenalter in einem Mehrkohorten-Längsschnitt-Design, das eine vergleichende Analyse von Entwicklungsverläufen unter differenziellen institutionellen Rahmenbedingungen erlaubt. Eine Komponente der Studie widmet sich den langfristigen Konsequenzen, die das schulische Milieu neben konkurrierenden außerschulischen Gelegenheitsstrukturen (z.b. Familien, Medien, Peers) für die psychosoziale Entwicklung Jugendlicher hat. Im Rahmen von BIJU wird daher für ausgewählte motivationale Merkmale (akademische Interessen und motivationale Orientierungen) und den Bereich der politischen Sozialisation untersucht, welche Rolle den schulischen Einflüssen auf die Entwicklung dieser Bereiche im Jugendalter und frühen Erwachsenenalter zukommt.

Der hier verwendete Datensatz umfasst Gymnasiasten und Gesamtschüler der ersten Längsschnittkohorte, die zu ihren politischen Einstellungen erstmalig im Schuljahr 1991/92 in der siebten Jahrgangsstufe befragt wurden. Das durchschnittliche Alter betrug 13 Jahre. Am Ende des zehnten Schuljahres (1995), als die Schülerinnen und Schüler im Mittel 16 Jahre alt waren, wurden sie zum zweiten Mal im Klassenverband befragt. Zwei Jahre später (1997) – mit 18 – erfolgte die dritte Erhebung in der gymnasialen Oberstufe. Die vierte Erhebung dieser Kohorte wurde im Jahr 2000 begonnen und im Frühjahr 2001 abgeschlossen. Die jungen Erwachsenen befanden sich zu diesem vierten Erhebungszeitpunkt mehrheitlich im Studium oder in der beruflichen bzw. schulischen Erstausbildung. Für die längsschnittliche Analyse wurden nur diejenigen Schülerinnen und Schüler in die Berechnungen einbezogen, für die zu mindestens zwei Messzeitpunkten gültige Werte in den Variablen zur Erfassung egalitärer Orientierungen vorliegen.

Die Stichprobe setzt sich aus $N = 4161$ Personen aus vier Bundesländern (Berlin ehemals West, Berlin ehemals Ost, Mecklenburg-Vorpommern, Nordrhein-Westfalen und Sachsen-Anhalt) zusammen. Die Teilnehmer kamen zu etwa gleichen Teilen aus den ost- bzw. westdeutschen Ländern. 86 Prozent der Schülerinnen und Schüler besuchten ein allgemeinbildendes Gymnasium, 14 Prozent eine Gesamtschule. 61 Prozent der Teilnehmer ($N = 2515$) waren weiblich. Der höhere Anteil von jungen Frauen hängt zum einen damit zusammen, dass weibliche Teilnehmer häufiger ein Gymnasium besuchen als männliche. Darüber hinaus war die Teilnahmebereitschaft im Längsschnitt bei den jungen Frauen höher als bei den jungen Männern.

Für die Teilnehmer der ersten Längsschnittkohorte lagen nicht zu allen vier Messzeitpunkten gültige Werte in den Variablen vor. Beim Umgang mit den fehlenden Werten wurde das im Programm „Mplus" (Version 3.12, Muthén & Muthén, 1998-2004) implementierte *Full-Information-Maximum-Likelihood*-Verfahren verwendet, das zu einer effizienten Schätzung der Modellparameter im

Falle fehlender Werte kommt. Dieses Verfahren nutzt unter der Annahme „*missing at random*" sämtliche in den Rohdaten verfügbaren Daten zur Parameterschätzung (für Details zum Umgang mit fehlenden Werten vgl. Graham, Cumsille & Elek-Fisk, 2003; Schafer & Graham, 2002).

5.2 Instrumentierung

Egalitäre Orientierungen:
Diese Skala geht auf ein Werte-Inventar von Maag (1989) zurück. Sie setzt sich aus vier Items zusammen und misst, inwieweit Personen Gleichheit zwischen gesellschaftlichen Gruppen oder Individuen befürworten oder ablehnen. Die Instruktion lautete: Was ist wünschenswert? Jeder hat Vorstellungen darüber, welche Verhaltensweisen bei uns wünschenswert sein sollten und welche nicht. Solch eine Vorstellung ist z.B., dass man ‚ordentlich' sein soll. Das kann man für wünschenswert halten oder auch nicht. Bitte kreuzen Sie bei jeder Aussage an, für wie wichtig Sie sie halten. Ein Item lautete: „Soziale Unterschiede zwischen den Menschen abbauen", ein weiteres Item hatte den Wortlaut: „Alle Menschen gleichberechtigt behandeln". Die Statements wurden auf einer vierstufigen Antwortskala mit den Kategorien „1 = sehr wichtig" bis „4 = unwichtig" beurteilt. Die Konstanz der Messtheorie über die Zeit wurde in einem Mehrgruppenmodell (Jungen/Mädchen) geprüft. Es zeigte sich, dass die Faktorladungen über alle Messzeitpunkte und über beide Gruppen hinweg gleichgesetzt werden konnten. Die Reliabilität der Skala lag zu allen Messzeitpunkten bei über .80. Im vorliegenden Beitrag wurden die Skalenwerte verwendet. Hierzu wurden die Antworten auf die Items rekodiert, aufsummiert und durch die Anzahl der Items dividiert. Ein hoher Wert bedeutet eine hohe egalitäre Orientierung.

Negative Einstellungen zur Eingliederung von Zuwanderern:
Diese Skala setzt sich aus fünf Statements zusammen, die (a) aus der „Allgemeinen Bevölkerungsumfrage der Sozialwissenschaften" entnommen wurden (ALLBUS, 1980-1988) und (b) Eigenentwicklungen aus dem Projekt darstellen. Bei den ALLBUS-Items handelt es sich um Statements zur Integrationsbereitschaft von Gastarbeitern. Ein Beispielitem lautet: „Wenn Arbeitsplätze knapp werden, sollte man die Gastarbeiter wieder in ihre Heimat zurückschicken". Ein anderes Item heißt: „Man sollte Gastarbeitern jede politische Betätigung in Deutschland untersagen". In neueren Untersuchungen wurde der Begriff Gastarbeiter gegen den Begriff Ausländer ausgetauscht. Da im BIJU-Längsschnitt das Hauptinteresse auf messzeitpunktbezogenen relativen Differenzen zwischen den Personen lag, wurde entschieden, die Itemformulierungen über die Zeit hinweg konstant zu

halten. Zwei weitere Items der Skala beziehen sich auf die Aufnahmebereitschaft gegenüber Asylbewerbern. Hier lautet ein Beispielitem: „Uns geht es auch nicht glänzend. Die Asylbewerber sollen wissen, dass sie bei uns nicht bleiben können". Bei allen fünf Items war das Antwortformat fünfstufig mit den Endpunkten „1 = stimme voll zu" bis „5 = stimme überhaupt nicht zu". Die Reliabilität der Gesamtskala lag zu allen vier Messzeitpunkten bei über .80. Die Antworten wurden rekodiert, aufsummiert und durch die Anzahl der Items dividiert. Ein hoher Wert auf der Skala drückt eine negative Einstellung zur Eingliederung von Zuwanderern aus.

5.3 Statistische Verfahren

Im Zentrum der vorliegenden Untersuchung stand die Modellierung der individuellen Verläufe egalitärer Orientierungen über einen Zeitraum von 8 Jahren. In der psychometrischen Literatur wurden verschiedene Modellstrukturen diskutiert, die zur Beschreibung derartiger Datenstrukturen verwendet werden können. Die verschiedenen Modellklassen unterscheiden sich in verschiedener Hinsicht voneinander. Klassische Simplex-Modelle (z.B. Jöreskog, 1970) stellen variablenzentrierte Verfahren dar, da hier der Fokus auf die Modellierung der Kovarianz- bzw. Korrelationsstruktur der wiederholten Messungen gelegt wird. Demgegenüber ist die Klasse der Wachstumskurvenmodelle (McArdle & Aber, 1990) personenorientiert, da hier die Erfassung individueller Verläufe im Mittelpunkt steht.

In Wachstumskurvenmodellen werden die individuellen Verläufe mithilfe einer gemeinsamen Veränderungsfunktion erfasst, die allen analysierten Personen gemeinsam ist. Individuelle Unterschiede in den Variablenverläufen ergeben sich aus einer unterschiedlichen Gewichtung der Verlaufsfunktion. Wachstumskurvenmodelle beschreiben auf diese Weise interindividuelle Unterschiede in den intraindividuellen Verläufen.

Die individuelle Ausprägung einer Person i auf der Variablen y zum Messzeitpunkt t kann anhand der generellen Modellgleichung

$$y_{it} = \eta_{0i} + \lambda_t \eta_{1i} + \varepsilon_{it}$$

beschrieben werden. Diese Modellformulierung kann im Sinne einer individuumsspezifischen Regressionsgleichung verstanden werden. η_{0i} stellt den individuellen Achsenabschnittsparameter dar. λ_t ist ein messzeitpunktspezifisches Regressionsgewicht, das nicht zwischen den Personen variiert, während η_{1i} die individuelle Gewichtung des Zeiteffekts (λ_t) darstellt. ε_{it} schließlich ist ein messzeitpunkt- und individuumsspezifischer Residualterm. Eine entsprechende Parametrisierung des Modells vorausgesetzt, repräsentiert η_{0i} den individuellen Ausgangswert auf der Variablen *y* zum ersten Messzeitpunkt. Diese Interpretation setzt voraus, dass der Zeiteffekt zur ersten Welle auf 0 fixiert wird. Die Interpretation des individuellen Wertes von η_{1i} hängt von der Form der vermuteten Zeitfunktion ab. Wird für die Zeitfunktion ein linearer Verlauf angenommen, stellt η_{1i} die individuelle Zuwachsrate dar. Bei vorliegenden nonlinearen Verlaufsfunktionen kann η_{1i} generell als individueller Gewichtungsfaktor der Funktion verstanden werden.

Die häufigste Parametrisierung von Wachstumskurvenmodellen besteht aus einer linearen Kodierung des λ-Parameters (z.B.: 0, 1, 2, 3) sowie u.U. der Aufnahme weiterer Polynome (z.B. quadratisch 0, 1, 4, 9), die eine entsprechende Erweiterung der oben angegebenen Modellgleichung notwendig machen. Die Anwendung eines derartigen Ansatzes verlangt jedoch genaue Kenntnisse über die vorherrschende Verlaufsfunktion (z.B. linear, quadratisch usw.). Eine Alternative dazu bietet der Ansatz von Meredith und Tisak (1990), der die Kenntnis der Verlaufsfunktion nicht voraussetzt. In diesem sog. *„latent-curve"*-Ansatz werden die λ-Parameter direkt aus den vorhandenen Daten geschätzt.[1]

Die bis zu dieser Stelle beschriebenen Modellklassen repräsentieren die Verläufe der Mittelwerte der beobachteten Daten (*Mittelwertsstabilität*) sowie Positionsveränderung (*Positionsstabilität*) der Individuen über die Messzeitpunkte. Tatsächlich ist es gut vorstellbar, dass die untersuchten Variablen sich durch eine hohe Mittelwerts- und/oder Positionsstabilität auszeichnen, so dass die herkömmlichen Wachstumsmodelle „überparametrisiert" sind. McArdle und Aber (1990) haben aus diesem Grund vorgeschlagen, auch strengere Verlaufsmodelle gegen die herkömmlichen Parametrisierungen zu testen. Der restriktivste Spezialfall eines Wachstumskurvenmodells ist das sog. *„level-only"*-Modell, das gleichzeitig eine perfekte Mittelwerts- (gleiche Mittelwerte zu allen Wellen) und absolute Positionsstabilität (unveränderte interindividuelle Unterschiede) über die Messzeitpunkte annimmt. Gemäß der obigen Gleichung umfasst dieses Modell nur eine Komponente (η_{0i}). Dieses restriktive Modell kann dahin ausgebaut werden, dass die Annahme einer perfekten Mittelwertsstabilität verworfen und stattdessen nur die Annahme der Positions- bzw. Rangplatzstabilität beibehalten wird. In diesem *„common-shape"*-Modell (McArdle & Epstein, 1987) wird die Verlaufsfunktion der Variablen wie im *„latent-curve"*-Ansatz direkt geschätzt. Der Unterschied besteht jedoch darin, dass der Term η_{0i} verworfen wird und nur die Komponenten λ_t und η_{1i} in die Modellgleichung aufgenommen werden. Dieses Modell geht somit davon aus, dass sich die untersuchten Personen in der

---

[1] Da sich die Parameterschätzungen des *„latent-curve"*-Modells als unstabil erwiesen, werden die Befunde dieses Modells nicht berichtet.

Gewichtung der Veränderungsfunktion voneinander unterscheiden, dass aber die Rangordnung der Personen in den untersuchten Merkmalen über die Zeit weitgehend unverändert bleibt.

Zusammenfassend lässt sich festhalten, dass die verschiedenen Wachstumskurvenmodelle in eine Hierarchie eingeordnet werden können, auf deren Basis unterschiedliche Verlaufsannahmen der betrachteten Variablen gegeneinander getestet werden können. Die zentralen Merkmale der Modelle werden in der nachfolgenden Tabelle zusammengefasst.

Tabelle 1: Annahmen unterschiedlicher Wachstumskurvenmodelle

Modell	Mittelwerts-stabilität	Positions-stabilität	Verlaufsform *a priori* bekannt
Level-only	Ja	Ja	Ja
Common-shape	Nein	Ja	Nein
Latent-curve	Nein	Nein	Nein
Lineares Wachstum	Nein	Nein	Ja
Quadratisches Wachstum	Nein	Nein	Ja

Anmerkungen: Diese Modellhierarchie ist als eine Orientierungshilfe zu verstehen, da die Modelle einerseits um weitere Verlaufsmodelle (z.B. kubischer Verlauf etc.) erweitert werden sowie in Kombination auftreten können (z.B. *common-shape* mit bekannter Verlaufsfunktion).

Wie die bisherigen Ausführungen gezeigt haben, handelt es sich bei der Klasse der Wachstumskurvenmodelle um mehrebenenanalytische Modelle (Raudenbush & Bryk, 2002), da obige Regressionsgleichung explizit die individuellen Variablenverläufe beschreibt. Wachstumskurvenmodelle, wie auch das „*latent-curve*"-Modell, berücksichtigen somit die Tatsache, dass die wiederholten Messungen innerhalb von Personen geschachtelt sind. In Analogie zu herkömmlichen Mehrebenenmodellen lassen sich somit die auf der ersten Ebene (innerhalb Personen) variierenden Entitäten (η_{0i} und η_{1i}) mithilfe anderer Maße (W), die auf der Ebene zwischen Personen angesiedelt sind, vorhersagen:

$$\eta_{0i} = \alpha_0 + \gamma_0 W_i + \zeta_{0i}$$
$$\eta_{1i} = \alpha_1 + \gamma_1 W_i + \zeta_{1i}.$$

Die obigen Ausdrücke können im Sinne herkömmlicher Regressionsgleichungen verstanden werden. Die γ-Parameter repräsentieren die Regressionsgewichte der Hintergrundvariablen W, während die α-Parameter den Achsenabschnitt der Regressionen darstellen. Die ζ-Parameter repräsentieren die Regressionsresiduen. Je nachdem welche Parametrisierung eines Wachstumskurvenmodells gewählt wird, unterscheidet sich die Zahl der abhängigen Variablen (η).

Da die individuellen Variablenverläufe vollständig durch η_{0i} und/oder η_{1i} erfasst werden, lassen sich auf diese Weise die in Abhängigkeit von W erwarteten Merkmalsverläufe abbilden. In der vorliegenden Untersuchung machen wir von dieser Eigenschaft der Wachstumskurvenmodelle Gebrauch, indem wir Wachstumskurven in Abhängigkeit vom Geschlecht modellieren.

Der Variablen „Geschlecht" wurde darüber hinaus durch die Spezifizierung eines Mehrgruppen-Strukturgleichungsmodells Rechnung getragen. Gegenüber der Einführung des Geschlechts als Dummy-Variablen besitzt der Mehrgruppen-Ansatz den Vorteil, durch das Setzen von Restriktionen explizit die Gleichheit von Parametern zwischen den Geschlechtern testen zu können. Die Anpassungsgüte des Gesamtmodells wurde mit Hilfe des *RMSEA* und des *BIC* bzw. des adjustierten *BIC* bewertet. Alle Modelle wurden in dem Programm „Mplus" (Version 3.12, Muthén & Muthén, 1998-2004) spezifiziert.

Die Daten der vorliegenden Studie besitzen eine Mehrebenenstruktur: Schülerinnen und Schüler sind innerhalb der Schulen geschachtelt. Solche Stichproben zeichnen sich meist dadurch aus, dass Personen der gleichen Schule sich ähnlicher sind als Personen aus unterschiedlichen Schulen. Wird diese Ähnlichkeit innerhalb der Schulen in den statistischen Analysen nicht berücksichtigt, so kann dies zu einer Unterschätzung der Standardfehler und somit zu einer zu liberalen Signifikanztestung führen (Raudenbush & Bryk, 2002). Das Programm „Mplus" bietet die Möglichkeit, diesen Design-Effekt bei der Berechnung der Standardfehler und der Modellanpassung zu berücksichtigen (Analyseoption *Type = Complex*, vgl. Muthén & Satorra, 1995).

6. Ergebnisse

6.1 Deskriptive Befunde

In einem Schritt wurden die Mittelwerte, Standardfehler und Standardabweichungen in den egalitären Orientierungen zu den jeweiligen Messzeitpunkten nach Geschlecht geschätzt. In Tabelle 2 sind die Ergebnisse abgebildet. Dort zeigt sich, dass Mädchen und Jungen sich wie erwartet bereits zum ersten Messzeitpunkt unterscheiden. Der Wert der Mädchen liegt etwa eine Viertel Standardabweichung über dem der Jungen. Während sich der Mittelwertverlauf der Mädchen zu den späteren Messzeitpunkten auf einem relativ gleichbleibenden Niveau bewegt, nimmt die egalitäre Orientierung bei den Jungen um etwa eine halbe Standardabweichung ab. Dies bedeutet, dass in der Altersphase zwischen 13 und 16 Jahren tatsächlich eine divergente Entwicklung stattfindet. Allerdings wird ebenfalls deutlich, dass die egalitäre Orientierung bei den Jungen zum dritten und vierten Messzeitpunkt wieder ansteigt, jedoch unterhalb des Mittelwerts der Mädchen bleibt. Bei einer Varianzreduktion zum vierten Messzeitpunkt beträgt die Differenz zwischen den Geschlechtern etwa eine Drittel Standardabweichung. Die messzeitpunktbezogenen Verhältnisse der Standardfehler zu den Mittelwertsdifferenzen weisen darauf hin, dass die Geschlechterdifferenzen auch zufallskritisch abgesichert werden können. Weiterhin ist erkennbar, dass sich die Standardabweichungen von Mädchen und Jungen systematisch unterscheiden. Die Variabilität ist in der Gruppe der Mädchen mit Ausnahme des vierten Messzeitpunkts deutlich geringer als in der Gruppe der Jungen.

Tabelle 2: Mittelwerte (Standardfehler) und Standardabweichungen der Messwerte der egalitären Orientierungen zu den vier Messzeitpunkten nach Geschlecht

	t_1	t_2	t_3	t_4
Mädchen	3.63 (.015)	3.58 (.015)	3.65 (.011)	3.60 (0.010)
	0.42	0.42	0.41	0.37
Jungen	3.53 (.025)	3.25 (.025)	3.34 (.022)	3.46 (.014)
	0.54	0.60	0.61	0.45

Anmerkungen: t_1 = 13 Jahre; t_2 = 16 Jahre; t_3 = 18 Jahre; t_4 = 21 Jahre

6.2 Modellierung auf latenter Ebene

In einem zweiten Schritt wurden die verschiedenen Strukturgleichungsmodelle mit Ausnahme des „*latent-curve*"-Modells auf die Daten angewendet. Dabei zeigte sich im Vorfeld, dass die Modelle mit einer zeitvarianten Residualstruktur den Modellen mit einer zeithomogenen Residualstruktur überlegen waren. In Tabelle 3 finden sich deshalb die Modellgütestatistiken für die Modelle mit zeitvarianter Fehlerstruktur.

Tabelle 3: Modellgütestatistiken für vier nicht-konditionale Modelle der egalitären Orientierungen

	χ^2	df	RMSEA	BIC	adj. BIC
„*Level-only*"-Modell	107.9	5	0.070	13900	13871
„*Common-shape*"-Modell	10.7	2	0.032	13758	13720
Wachstumsmodell (linear)	146.8	5	0.083	13969	13940
Wachstumsmodell (quadratisch)	47.3	1	0.105	13819	13778

Modelle mit einem RMSEA unter .05 werden als sehr gute Approximation an die gegebenen Daten angesehen (Hu & Bentler, 1999). Die Statistiken sprechen deutlich für das „*common-shape*"-Modell, während alle anderen Modellvarianten nicht zufriedenstellend mit den Daten übereinstimmen. In Tabelle 4 sind die den Verlauf parametrisierenden Regressionsgewichte (Faktorladungen) und die entsprechenden geschätzten messzeitpunktspezifischen Mittelwerte in den egalitären Orientierungen dargestellt. Aus Identifikationsgründen wurde das Regressionsgewicht zum ersten Messzeitpunkt auf den Wert 1 fixiert. An den Mittelwerten kann abgelesen werden, dass egalitäre Orientierungen zwischen dem ersten und zweiten Messzeitpunkt abnehmen. Die höheren Regressionsgewichte zum zweiten und dritten Messzeitpunkt zeigen an, dass die interindividuellen Unterschiede im Niveau und der Verlaufsfunktion in diesem Untersuchungszeitraum am größten sind, d.h. die individuellen Kurven hier weiter auseinander gezogen werden. Die Abbildung 1 verdeutlicht die Modellstruktur am Beispiel der modellimpliziten individuellen Werte für 500 zufällig ausgewählte Personen.

Tabelle 4: Regressionsgewichte (Faktorladungen) und geschätzte Mittelwerte für das „*common-shape*"-Modell der egalitären Orientierungen

	Koeffizient	S.E.
Regressionsgewicht		
Egalitäre Orientierung (t_1)	1.00	0.000
Egalitäre Orientierung (t_2)	2.05	0.187
Egalitäre Orientierung (t_3)	2.27	0.260
Egalitäre Orientierung (t_4)	1.37	0.146
Mittelwert		
Egalitäre Orientierung (t_1)	3.59	0.015
Egalitäre Orientierung (t_2)	3.45	0.016
Egalitäre Orientierung (t_3)	3.53	0.013
Egalitäre Orientierung (t_4)	3.55	0.009

Anmerkungen: *S.E. = Standard Error*

In einem weiteren Schritt wurde in einem konditionalen Modell geprüft, ob sich die Mittelwerte der Jungen und Mädchen in dem das Niveau und den Verlauf parametrisierenden Faktor unterscheiden. Über die Einführung der Dummy-Variablen Geschlecht wurde die Mittelwertdifferenz geprüft. Erwartungsgemäß wurde der Unterschied signifikant (-0.129, *S.E.* = 0.014; $p < .001$). In Standardabweichungen ausgedrückt betrug die Mittelwertdifferenz -0.392.

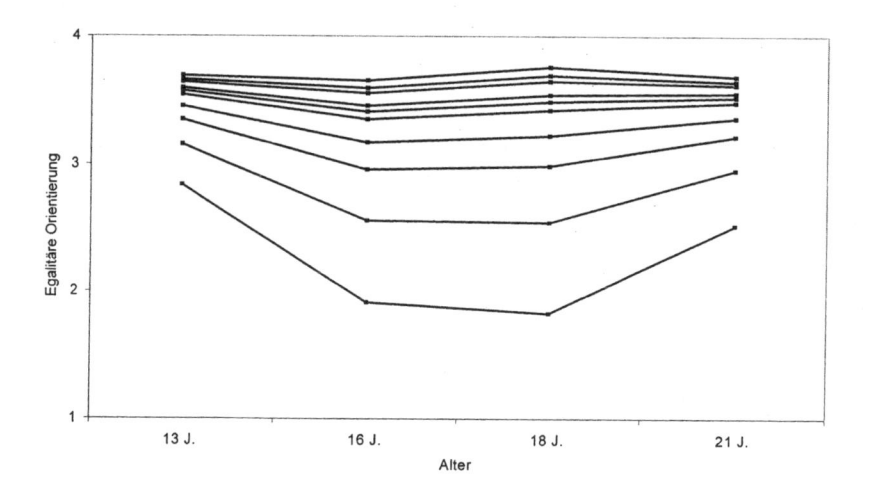

Abbildung 1: Nach dem „*common-shape*"-Modell geschätzte Verläufe für 10 zufällig ausgewählte Personen der egalitären Orientierungen

6.3 Ergebnisse des Mehrgruppenvergleichs

Die bisher berichteten Analysen haben gezeigt, dass es möglich ist, die Entwicklung egalitärer Orientierungen über ein recht einfaches Wachstumskurvenmodell zu beschreiben. Dieses Modell geht von einer für alle Personen geltenden Verlaufsfunktion aus, die über einen „shape"-Faktor mit messzeitpunktspezifischen Regressionsgewichten bestimmt wird. Die individuellen Ausprägungen auf diesem Faktor – die Faktorwerte – bestimmen dabei sowohl das Niveau als auch die Ausformung der individuellen Verlaufsfunktionen. Weiterhin konnte gezeigt werden, dass Jungen im Mittel eine niedrigere Ausprägung auf dieser Dimension besaßen, was bedeutet, dass sie weniger egalitär eingestellt waren als Mädchen und eine ausgeprägtere u-förmige Verlaufsfunktion aufwiesen. Dies deutet möglicherweise darauf hin, dass sich die Verlaufsformen zwischen Jungen und Mädchen unterscheiden. Um dieser Frage nachzugehen, wurde ein Mehrgruppenmodell für Jungen und Mädchen berechnet. Als Ausgangsmodell wurde das „*common-shape*"-Modell gewählt, und es wurden vier Modelle berechnet, in denen den Regressionsgewichten und den Residuen jeweils Gleichheitsrestriktionen auferlegt wurden. Hierbei ergeben sich vier Modelle, deren Modellgütestatistiken in Tabelle 5 gegenübergestellt werden. Die Annahme gleicher Residuen wird in jedem Fall deutlich falsifiziert. Die Modelle mit gleichen oder ungleichen Regressionsgewichten weisen einen jeweils sehr guten Fit auf und unterscheiden sich von der Anpassungsgüte an die Daten kaum voneinander. Nach Maßgabe des *RMSEA* und des adjustierten *BIC* ist jedoch das Modell mit ungleichen Regressionsgewichten, d.h. geschlechtsspezifischen Verlaufsformen, leicht zu favorisieren.

Tabelle 5: Modellgütestatistiken für die Modellvarianten im Gruppenvergleich

	Regr.-Gewichte	Residuen	χ^2	df	RMSEA	BIC	adj. BIC
Modell 1	=	=	406.3	17	0.105	13190	13155
Modell 2	=	≠	36.0	10	0.036	12766	12709
Modell 3	≠	=	241.4	11	0.101	13020	12966
Modell 4	≠	≠	22.8	7	0.033	12772	12705

Anmerkungen: = bedeutet Gleichsetzen von Parametern über die Gruppen, ≠ bedeutet freie Schätzung der Parameter innerhalb der Gruppen

Die Regressionsgewichte (s. Tab. 6) einerseits und die modellimpliziten Mittelwerte für Jungen und Mädchen (s. Abb. 2) weisen darauf hin, dass der u-förmige Verlauf in den egalitären Orientierungen bei Jungen ausgeprägter ist als bei Mädchen. Während sich beim Übergang vom frühen in das mittlere Jugendalter vor allem bei Jungen eine Abnahme egalitärer Orientierungen beobachten lässt, die dann im weiteren Verlauf wieder leicht ansteigt, weist der Verlauf bei Mädchen eine deutlich geringere Dynamik auf.

Tabelle 6: Regressionsgewichte für das „*common-shape*"-Modell in den egalitären Orientierungen nach Geschlecht

	Jungen		Mädchen	
	Koeffizient	S.E.	Koeffizient	S.E.
Regressionsgewicht				
Egalitäre Orientierung (t_1)	1.00	0.00	1.00	0.00
Egalitäre Orientierung (t_2)	2.60	0.40	1.61	0.18
Egalitäre Orientierung (t_3)	2.69	0.45	1.83	0.25
Egalitäre Orientierung (t_4)	1.38	0.25	1.28	0.18

Anmerkung: S.E. = Standard Error

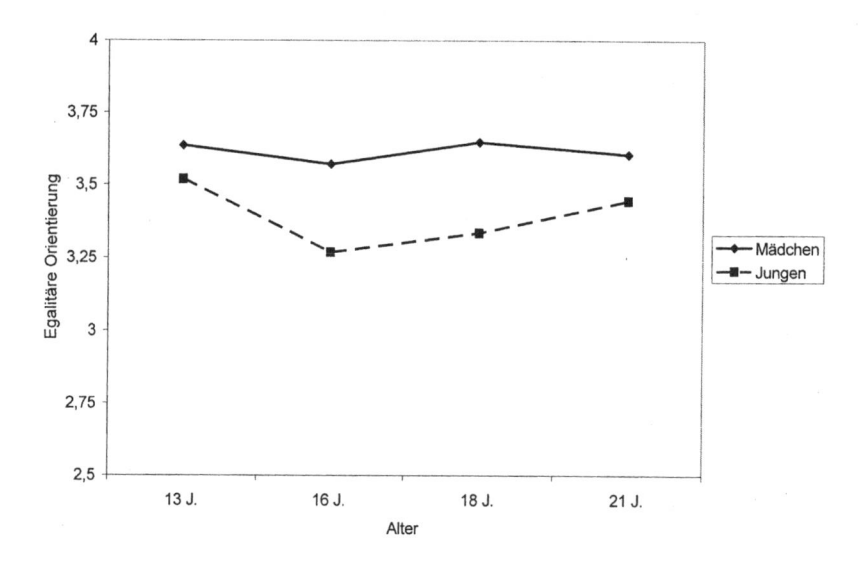

Abbildung 2: Geschätzte Mittelwerte in den egalitären Orientierungen aus dem „*common-shape*"-Modell nach Messzeitpunkt und Geschlecht

6.4 Egalitäre Orientierungen und Einstellungen zur Eingliederung von Zuwanderern

Abschließend wurden die interindividuellen Unterschiede in den Verläufen der egalitären Orientierung mit den interinviduellen Unterschieden in den Verläufen der Einstellungen zur Eingliederung von Zuwanderern in Beziehung gesetzt. In Anlehnung an die Theorie sozialer Dominanz sollte ein substanzieller und negativer Zusammenhang zwischen beiden Merkmalen bestehen. Hierzu wurde analog zur Analyse der egalitären Orientierungen in einem ersten Schritt ein „*common-shape*"-Modell für die Einstellungen zur Eingliederung von Zuwanderern spezifiziert, das ebenfalls sehr gut an die Daten angepasst werden konnte. Anschließend wurde dann in einem Mehrgruppenmodell für Jungen und Mädchen jeweils die Kovarianz bzw. Korrelation zwischen den beiden „*shape*"-Faktoren geschätzt. Dabei wurden jeweils messzeitpunktspezifische Kovarianzen zwischen den Residuen der Indikatoren zugelassen. In beiden Gruppen war der

Zusammenhang zwischen den beiden Faktoren hochsignifikant und praktisch bedeutsam. Ausgedrückt in Korrelationen lag der Zusammenhang in der Gruppe der Jungen bei $r = -.46$, in der Gruppe der Mädchen bei $r = -.49$. Dies bedeutet, dass die Verläufe in den Einstellungen zur Eingliederung von Zuwanderern zu etwa 21 bzw. 24 Prozent durch die Verläufe in der egalitären Orientierung (und umgekehrt) erklärt werden können.

7. Zusammenfassung und Ausblick

Im vorliegenden Beitrag wurde anhand eines Paneldatensatzes aus der Studie „Bildungsprozesse und psychosoziale Entwicklung im Jugend- und jungen Erwachsenenalter" (BIJU) gezeigt, dass sich Jungen und Mädchen in ihren egalitären Orientierungen unterscheiden. Der Theorie entsprechend waren Mädchen egalitärer eingestellt als Jungen. Dieses Ergebnis fügt sich in die Befundlage zu Geschlechterunterunterschieden im sozio-politischen Einstellungsbereich ein. Im Zentrum dieses Beitrags stand die Analyse der geschlechtsspezifischen *Verläufe* in der Entwicklung egalitärer Orientierungen. Ergebnisse aus Strukturgleichungsmodellen wiesen auf eine höhere Dynamik egalitärer Orientierungen bei Jungen im Vergleich zu Mädchen hin. Während die Entwicklung egalitärer Orientierungen bei Mädchen auf einem etwa gleich bleibenden Niveau verlief, nahmen die egalitären Orientierungen bei Jungen im Untersuchungszeitraum zwischen 13 und 16 Jahren deutlich ab, um sich im weiteren Verlauf der Entwicklung auf einem höheren Niveau zu stabilisieren. Die Ergebnisse sprechen also dafür, dass die Entwicklung egalitärer Orientierungen – beim Übergang vom frühen zum mittleren Jugendalter – bei Jungen einer besonderen Dynamik unterliegt und die Geschlechterunterschiede in dieser Phase am deutlichsten ausgeprägt sind. Sowohl sozialisationstheoretische als auch biologistische Ansätze kommen grundsätzlich als Erklärung für diese zwischen den Geschlechtern divergente Entwicklung in Frage. Weiterhin ist deutlich geworden, wie wichtig es sein kann, mehr als zwei Messzeitpunkte in einem Längsschnitt einzubeziehen. Auf diese Weise ließ sich feststellen, dass sich Geschlechterunterschiede beim Übergang in das Erwachsenenalter wieder verringern, wobei auf der Grundlage der hier verwendeten Daten letztlich nicht entschieden werden kann, in welchem Maße – bzw. ob überhaupt – Bildungs- und Sozialisationsprozesse in der Hochschule hierfür mit verantwortlich sind. Eine tentative Beantwortung dieser Frage würde eine Kontrollgruppe von Schülerinnen und Schülern voraussetzen, die nach dem Abitur in die betriebliche Ausbildung gewechselt hat.

Ein aus entwicklungspsychologischer Sicht besonders interessanter Befund der Untersuchung besteht unseres Erachtens darin, dass das *„common-shape"*-

Modell sowohl für die egalitären Orientierungen als auch für die Einstellungen zur Eingliederung von Zuwanderern die interindividuellen Unterschiede in den intraindividuellen Entwicklungsverläufen gut beschreibt. Dieses Modell geht davon aus, dass sowohl das Niveau des untersuchten Merkmals als auch sein Verlauf durch einen einzigen Faktor beschrieben werden können. Aus dem Ausgangsniveau, d.h. der früh geformten Orientierung oder Einstellung im Alter von 13 Jahren, ergibt sich somit auch der Verlauf. Die Gültigkeit dieser Modelleigenschaft macht letztlich deutlich, dass die im frühen Jugendalter gebildeten egalitären Orientierungen und Einstellungen gegenüber Zuwanderern einen bedeutsamen Einfluss auf den weiteren Verlauf dieser Merkmale besitzen. Aus diesem Befund kann abgeleitet werden, dass die Untersuchung sozio-politischer Entwicklungsprozesse nicht früh genug beginnen kann. Zukünftige Forschung sollte sich der Prädiktion dieser Verläufe durch externe Variablen wie etwa familiären oder schulischen Einflüssen zuwenden.

Literatur

ALLBUS (1980-1988). *Allgemeine Bevölkerungsumfrage der Sozialwissenschaften, Codebuch*. Cologne, Germany: Zentralarchiv für empirische Sozialforschung an der Universität Köln; Zentrum für Umfragen, Methoden und Analysen, ZUMA e.V.

Baumert, J., Roeder, P. M., Gruehn, S., Heyn, S., Köller, O., Rimmele, R., Schnabel, K. U. & Seipp, B. (1996). Bildungsverläufe und psychosoziale Entwicklung im Jugendalter (BIJU). In K.-P. Treumann, G. Neubauer, R. Möller & J. Abel (Hrsg.), *Methoden und Anwendungen empirischer pädagogischer Forschung* (S. 170-180). Münster: Waxmann.

Bjereld, U. (2001). Children and the gender gap in foreign policy issues. *Gender & Society, 15*, 303-316.

Conover, P. J. & Sapiro, V. (1993). Gender, feminist consciousness, and war. *American Journal of Political Science, 37*, 1079-99.

Eisler, R. & Loye, D. (1983). The „failure" of liberalism: A reassessment of ideology from a new feminine-masculine perspective. *Political Psychology, 4*, 469-475.

Galambos, N. L., Almeida, D. M. & Peterson, A. C. (1990). Masculinity, femininity, and sex role attitudes in early adolescence: Exploring gender intensification. *Child Development, 61*, 1905-1914.

Graham, J. W., Cumsille, P. E. & Elek-Fisk, E. (2003). Methods for handling missing data. In J. A. Schinka & W. F. Velicer (Hrsg.), *Handbook of psychology: Research methods in psychology* (Bd. 2, S. 87-114). New York: John Wiley & Sons.

Hu, L.-T. & Bentler, P. M. (1999). Cutoff criteria for fit indexes in covariance structure analysis: Conventional criteria versus new alternatives. *Structural Equation Modeling, 6*, 1-55.

Jöreskog, K. G. (1970). Estimation and testing of simplex models. *British Journal of Mathematical and Statistical Psychology, 23*, 121–145.

Kuhn, H.-P. (2005). Geschlechtsspezifische Aspekte politischer Identitätsbildung im Jugendalter: Theorien, Konzepte, Befunde. *Zeitschrift für Soziologie der Erziehung und Sozialisation, 25,* 399-415.

Kuhn, H.-P. & Schmid, C. (2004) Politisches Interesse, Mediennutzung und Geschlechterdifferenz. Zwei Thesen zur Erklärung von Geschlechtsunterschieden im politischen Interesse von Jugendlichen. In D. Hoffmann & H. Merkens (Hrsg.), *Jugendsoziologische Sozialisationstheorie. Impulse für die Jugendforschung.* Weinheim: Juventa.

Maag, G. (1989). Zur Erfassung von Werten in der Umfrageforschung. Ein empirischer Beitrag zur Neukonzeptualisierung und Operationalisierung. *Zeitschrift für Soziologie, 18,* 313-323.

Marjoribanks, K. (1981). Sex-related differences in socio political attitudes: A replication. *Educational Studies, 7,* 1-6.

McArdle, J. J. & Aber, M. S. (1990). Patterns of change within latent structural equation models. In A. von Eye (Ed.), *Statistical methods in longitudinal research: Principles and methods of structuring change* (pp. 151-223). New York: Academic Press.

McArdle, J. J. & Epstein, D. (1987). Latent growth curves within developmental structural equation models. *Child Development, 58,* 110-133.

Meredith, W. & Tisak, J. (1990). Latent curve analysis. *Psychometrika, 55,* 107–122.

Muthén, B. O. & Muthén, L. K. (1998-2004). Mplus (Version 3.12) [Computer software]. Los Angeles, CA.

Muthén, B. O. & Satorra, A. (1995). Complex sample data in structural equation modeling. *Sociological Methodology, 25,* 267-316.

Pratto, F., Liu, J. H., Levin, S., Sidanius, J., Shih, M., Bachrach, H. & Hegarty, P. (2000). Social dominance orientation and the legitimization of inequality across cultures. *Journal of Cross-Cultural Psychology, 31,* 369-409.

Pratto, F., Sidanius, J., Stallworth, L. M. & Malle, B. F. (1994). Social dominance orientation: A personality variable predicting social and political attitudes. *Journal of Personality and Social Psychology, 67,* 741-763.

Raudenbush, S. W. & Bryk, A. S. (2002). *Hierarchical linear models: Applications and data analysis methods* (2. Aufl.). Thousand Oaks: Sage.

Schafer, J. L. & Graham, J. W. (2002). Missing data: Our view of the state of the art. *Psychological Methods, 7,* 147-177.

Shapiro, R. Y. & Majahan, H. (1986). Gender differences in policy preferences: A summary of trends from the 1960s to the 1980s. *Public Opinion Quarterly, 50,* 42-61.

Rabinowitz, J. L. (1999). Go with the flow or fight the power? The interactive effects of social dominance orientation and perceived instustice on support of the status quo. *Political Psychology, 20,* 1-24.

Schmid, C. (2004). *Politisches Interesse von Jugendlichen. Eine Längsschnittuntersuchung zum Einfluss von Eltern, Gleichaltrigen, Massenmedien und Schulunterricht.* Wiesbaden: Deutscher Universitäts-Verlag.

Sidanius, J., Cling, B. J. & Pratto, F. (1991). Ranking and linking as a function of sex and gender role attitudes. *Journal of Social Issues, 47,* 131-149.

Sidanius, J. & Ekehammar, B. (1982). Test of a biological model for explaining sex differences. *Journal of Psychology, 110,* 191-195.

Sidanius, J., Levin, S. & Federico, C. M. (1998, August). *Legitimizing ideologies: The social dominance approach*. Manuscript presented at the Stanford Conference on the Psychology of Legitimacy, Stanford University.

Sidanius, J. & Pratto, F. (1999). S*ocial dominance: An intergroup theory of social hierarchy and oppression*. New York: Cambridge University Press.

Sidanius, J., Pratto, F. & Bobo, L. (1994). Social dominance orientation and the political psychology of gender. *Journal of Personality and Social Psychology, 67*, 998-1011.

Sidanius, J., Pratto, F. & Brief, D. (1995). Group dominance and the psychology of gender: A cross-cultural comparison. *Political Psychology, 16*, 381-396.

Sidanius, J., Pratto, F., van Laar, C. & Levin, S. (2004). Social dominance theory: Its agenda and method. *Political Psychology, 25*, 845-880.

Torney-Purta, J., Lehmann, R., Oswald, H. & Schulz, W. (2001). *Citizenship and education in twenty-eight countries*. Amsterdam, IEA.

Ward, D. (1995, July). *Social dominance theory: Are the genes too tight*? Paper presented at the Eighteenth Annual Scientific Meeting of the International Society of Political Psychology, Washington, DC. Abgerufen am 02.10.2005 von http://ispp.org/annual_meeting_archives/wardispp95.html

Autorinnen und Autoren

Alexander von Eye, Ph.D., Professor für Psychologie. Anschrift: Michigan State University, Department of Psycholgoy, 119 Snyder Hall, East Lansing, MI 48824-1117, USA. Tel.: 001/517 355-3408, Fax: 001/517 432-2476, E-Mail: voneye@msu.edu. Arbeitsschwerpunkte: Statistische Methòden, kognitive Entwicklung über die Lebensspanne.

Urs Grob, Dr. phil., Wissenschaftlicher Mitarbeiter. Anschrift: Universität Zürich, Pädagogisches Institut, Freiestraße 36, CH-8032 Zürich. Tel.: +41(0)44/ 6342776, Fax: +41(0)44/6344922, E-Mail: grob@paed.unizh.ch. Arbeitsschwerpunkte: Sozialisation, politische Sozialisation, Kompetenzmessung, schulische Wirkungsforschung.

Johannes Hartig, Dr. phil., wissenschaftlicher Mitarbeiter. Anschrift: Deutsches Institut für Internationale Pädagogische Forschung, Arbeitseinheit Bildungsqualität und Evaluation, Schloßstr. 29, 60486 Frankfurt am Main. Tel.: +49(0)69/ 24708-0, Fax: +49(0)69/24708-444, E-Mail: hartig@dipf.de. Arbeitschwerpunkte: Kompetenzdiagnostik und Kompetenzmodellierung; multivariate Analyseverfahren; technologiebasierte Erhebungsmethoden.

Angela Ittel, Ph.D., PD, Lehrstuhlvertretung, Pädagogische Psychologie. Anschrift: Technische Universität Berlin, FAK 1 – Geisteswissenschaften, Institut für Erziehungswissenschaft (Sekr. FR 4-3), Franklinstraße 28/29, 10587 Berlin. Tel: +49 (0)30/14-73227, E-Mail: ittel@zedat.fu-berlin.de. Arbeitsschwerpunkte: Jugendforschung, Problemverhalten, Geschlechterforschung.

Olga Kühnbach, Dipl.-Psych., wissenschaftliche Mitarbeiterin. Anschrift: Deutsches Institut für Internationale Pädagogische Forschung, Arbeitseinheit Bildungsqualität und Evaluation, Schloßstr. 29, 60486 Frankfurt am Main. Tel.: +49 (0)69/24708-0, Fax: +49(0)69/24708-444, E-Mail: kuehnbach@dipf.de. Arbeitsschwerpunkte: Lernumgebungen und Schülermotivation, Evaluation von Ganztagsschule.

Christina Limbird, Wissenschaftliche Mitarbeiterin. Anschrift: Freie Universität Berlin, FB Erziehungswissenschaft und Psychologie, AB Empirische Erziehungswissenschaft, Fabeckstr. 13, 14195 Berlin. Tel.: +49(0)30/838-55225, Fax: +49(0) 30/838-4796, E-Mail: limbird@zedat.fu-berlin.de.

Arbeitsschwerpunkte: Mehrsprachigkeit an Schulen, Schulpsychologie, Schriftspracherwerb, multikulturelle Bildung/Erziehung.

Hans Merkens, Dr. phil., Professor für Allgemeine Erziehungswissenschaft. Anschrift: Freie Universität Berlin, FB Erziehungswissenschaft und Psychologie, AB Empirische Erziehungswissenschaft, Fabeckstr. 13, 14195 Berlin. Tel.: +49(0)30/ 838-55224, Fax: +49(0)30/838-4796, E-Mail: merken@zedat.fu-berlin.de. Arbeitsschwerpunkte: Jugendforschung, Organisationsentwicklung, Unterrichtsentwicklung, Organisationskultur, organisationales Lernen, Migrationsforschung.

Gabriel Nagy, Dr. phil., Wissenschaftlicher Mitarbeiter. Anschrift: Max-Planck-Institut für Bildungsforschung, Forschungsbereich Erziehungswissenschaft und Bildungssysteme, Lentzeallee 94, 14195 Berlin. Tel.: +49(0)30/82406-319, E-Mail: nagy@mpib-berlin.mpg.de. Arbeitsschwerpunkte: Lehr-/Lernforschung, Regulation des Übergangs von der Schule in die berufliche Ausbildung, quantitative Methoden der empirischen Sozialforschung.

Franziska Perels, Dr. phil., Wissenschaftliche Mitarbeiterin. Anschrift: Technische Universität Darmstadt, Institut für Psychologie, AG Pädagogische Psychologie, Alexanderstraße 10, 64283 Darmstadt. Tel.: +49(0)6151/16-3214, Fax: +49(0)6151/16-6638, E-Mail: perels@psychologie.tu-darmstadt.de. Arbeitsschwerpunkte: Selbstreguliertes Lernen, Trainings.

Bernhard Schmitz, Dr. phil., Professor für Pädagogische Psychologie. Anschrift: Technische Universität Darmstadt, Institut für Psychologie, AG Pädagogische Psychologie, Alexanderstraße 10, 64283 Darmstadt. Tel.: +49(0)6151/16-3214, Fax: +49(0)6151/16-6638, E-Mail: schmitz@psychologie.tu-darmstadt.de. Arbeitsschwerpunkte: Selbstregulation, Trainings, Prozessforschung.

Petra Stanat, Dr. phil., Professorin für Empirische Unterrichtsforschung. Anschrift: Friedrich-Alexander-Universität Erlangen-Nürnberg, Erziehungswissenschaftliche Fakultät, Regensburger Str. 160, 90478 Nürnberg. Tel.: +49(0)911/ 5302-565, E-Mail: petra.stanat@ewf.uni-erlangen.de. Arbeitsschwerpunkte: Methoden der Empirischen Sozialforschung, Lehr-Lern-Forschung.

Rainer Watermann, Dr. phil., Professor für Schulpädagogik. Anschrift: Georg-August-Universität Göttingen, Pädagogisches Seminar, Waldweg 26, 37073 Göttingen. Tel.: +49(0)551/39-13982, E-Mail: rwaterm@uni-goettingen.de. Arbeitsschwerpunkte: Empirische Schulforschung, politische Sozialisation.

Printed by Printforce, the Netherlands